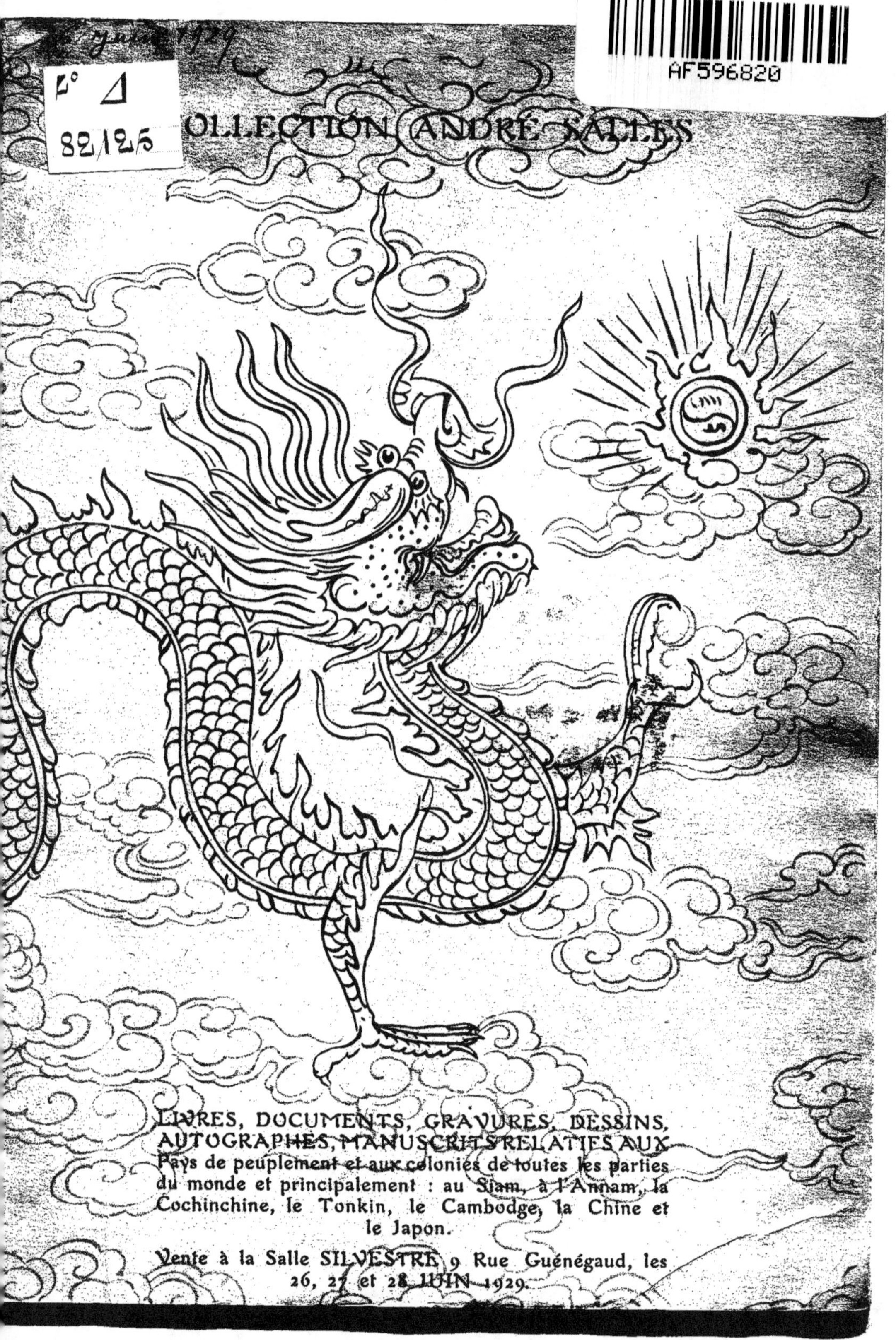

COLLECTION ANDRÉ SALLES

LIVRES, DOCUMENTS, GRAVURES, DESSINS, AUTOGRAPHES, MANUSCRITS RELATIFS AUX Pays de peuplement et aux colonies de toutes les parties du monde et principalement : au Siam, à l'Annam, la Cochinchine, le Tonkin, le Cambodge, la Chine et le Japon.

Vente à la Salle SILVESTRE 9 Rue Guénégaud, les 26, 27 et 28 JUIN 1929.

BIBLIOTHÈQUE SALLES

Les *26, 27 et 28 juin*, à la *Salle Silvestre*, 9, rue Guénégaud (6e), sera dispersée par Mes Maurice CARPENTIER et Yves COUTURIER, assistés de l'expert M. Georges ANDRIEUX, l'importante collection de M. André Salles, relative aux pays de peuplement et aux colonies, principalement au Siam, à l'Annam, la Cochinchine, Tonkin, Cambodge, Chine, Japon, Amérique, etc.

Le catalogue décrit des livres anciens et modernes, premières impressions, rarissimes relations de voyage, livres relatifs aux Jésuites, aux grands navigateurs, etc..., des gravures, dessins, curieuses aquarelles orientales, manuscrits, des cartes du XVIe au XIXe siècles, des documents imprimés et autographes de Dupleix, Lally-Tollendal, etc...

M. Salles ayant écrit une « Bibliographie des Lettres édifiantes et curieuses », en possédait de nombreuses éditions, parmi elles, celle de 1717-76, dans de superbes marocains rouges aux armes de Marie-Thérèse de Savoie, comtesse d'Artois, ainsi qu'une autre collection dans de fraîches reliures aux armes du duc d'Aumont.

Exposition à la Librairie Georges Andrieux, 38, rue de Laborde, Paris (8e), du mardi 18 au lundi 24 juin 1929, où le catalogue est en distribution.

Gazette de l'Hôtel Drouot, 15 juin 1929 —

Bibliothèque André Salles. — Les 26 et 27 juin, à la Salle Silvestre, Mes M. CARPENTIER et Y. COUTURIER, assistés de l'expert Georges ANDRIEUX dispersaient, avec grand succès, la collection de M. André Salles. Citons, parmi les principales enchères :

No 27. Arnauld. Morale des Jésuites, en maroquin ancien : 1.050 fr. — 141. H. Cordier. Bibliothèque Sinica : 1.100 fr. — 156. Da Cruz, Tractado... da China, édition originale en maroquin moderne : 4.800 fr. — 170. Du Halde. Description de la Chine : 1.620 fr. — 256. Jésuites, Brevis relatio..., impression de Pékin en 1700 : 2.000 fr. — 297. Collection des Lettres Edifiantes, en maroquin ancien, aux armes de Marie-Thérèse de Savoie : 13.550 fr. — 298. Autre collection des Lettres Edifiantes, en veau ancien, aux armes du duc d'Aumont : 4.700 fr. — 315. Maffei. Rerum a Societate Jésus, exemplaire en maroquin, aux armes de Loménie de Brienne : 2.200 fr. — 326. Manrique. Itinerario de las missiones, Rome, 1649 : 1.350 fr. — 327. Manuscrit du Père Aumont sur les Missions de Siam : 3.200 fr. — 363. Nordenskiold, Fac-simile, Atlas et Periplus : 3.700 fr.— 374. Ordonez de Cevallos. Viage del mundo, édition originale (Madrid 1614), en maroquin moderne : 1.520 fr.

Gazette de l'Hôtel Drouot, 29 juin 1929 —

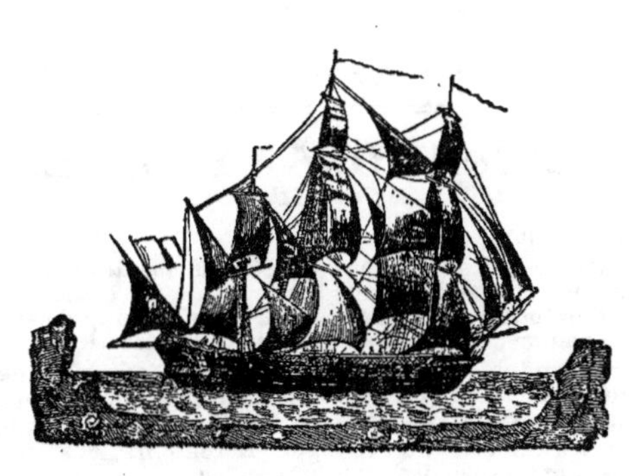

LA VENTE AURA LIEU

Les Mercredi 26, *Jeudi* 27 *et Vendredi* 28 *Juin* 1929

à **trois heures** *précises*

A la **SALLE SILVESTRE,** 9, rue Guénégaud, Paris-VIe (quai de Conti),

PAR LE MINISTÈRE DE

Maître MAURICE CARPENTIER	Maître YVES COUTURIER
COMMISSAIRE-PRISEUR	COMMISSAIRE-PRISEUR
14, *rue de la Grange-Batelière-IXe*	9, *rue Portalis-VIIIe*

ASSISTÉS DE

M. GEORGES ANDRIEUX

EXPERT

58, *rue de Laborde — Paris-VIIIe*

CONDITIONS DE LA VENTE

La vente se fait au comptant.

Les acquéreurs paieront 19,50 pour cent en sus des enchères pour les éditions d'art sur papiers spéciaux à tirage limité, pour les gravures et les autographes, ainsi que pour tous les ouvrages dont le prix d'adjudication sera supérieur à 300 francs le volume, et 14 pour cent pour les autres livres.

Les livres vendus devront être collationnés dans les vingt-quatre heures de l'adjudication Passé ce délai, ils ne seront repris pour aucune cause.

M. GEORGES ANDRIEUX se réserve la faculté, dans l'intérêt de la vente, de réunir ou de diviser les numéros du catalogue. Il remplira, aux conditions d'usage, les commissions que l'on voudra bien lui confier.

M. G. ANDRIEUX reçoit le mercredi après-midi.

EXPOSITIONS :

A la ***LIBRAIRIE GEORGES ANDRIEUX*** 38, rue de Laborde,
du Mardi 18 *au Lundi* 24 *Juin* 1929.

La LIBRAIRIE ANDRIEUX est fermée de midi à deux heures.

A la ***SALLE SILVESTRE***, 9, rue Guénégaud,
le matin de chaque journée de vente, de neuf heures à midi.

ORDRE DES VACATIONS

Mercredi 26 Juin	**Du N° 1**	**au N° 187**
Jeudi 27 —	**Du N° 188**	**au N° 374**
Vendredi 28 —	**Du N° 375**	**à la fin.**

A la fin de chaque vacation seront vendus de très nombreux livres en lots.

97.506. — Imprimerie Lahure, 9, rue de Fleurus, à Paris. — 1929

Vente après décès, en vertu d'ordonnance
de la

Bibliothèque de M. André Salles

Inspecteur des Colonies en retraite, Officier de la Légion d'Honneur

---

Collection de Livres Anciens et Modernes de Gravures, Dessins, Aquarelles, Cartes géographiques, Documents autographes et imprimés

relatifs aux

Pays de Peuplement et aux Colonies

principalement

au Siam, Annam, Cochinchine, Tonkin, Cambodge, Chine et Japon.

Vente à la Salle Silvestre, les 26, 27 et 28 Juin 1929

Maître MAURICE CARPENTIER	Maître YVES COUTURIER
14, rue de la Grange-Batelière	9, rue Portalis
PARIS-IXe	PARIS-VIIIe

COMMISSAIRES-PRISEURS

ASSISTÉS DE

M. GEORGES ANDRIEUX

EXPERT

38, rue de Laborde, 38

PARIS-VIIIe

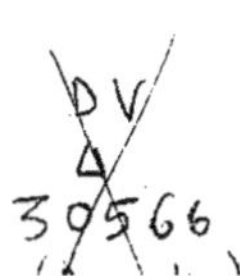

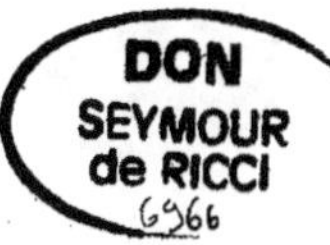

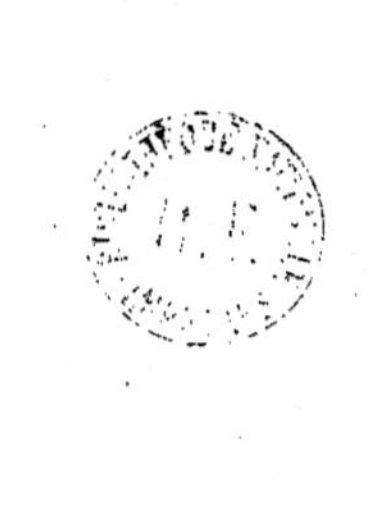

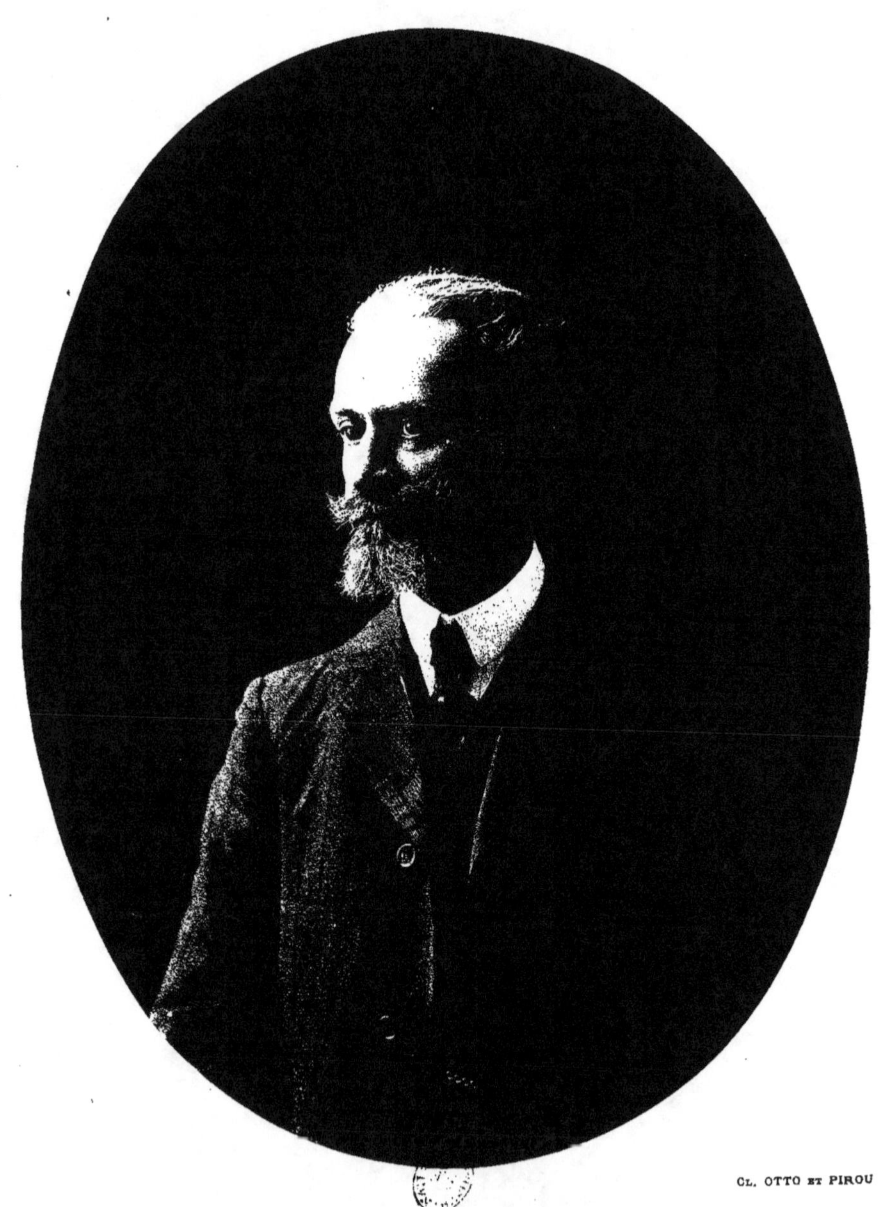

Cl. OTTO et PIROU

ANDRÉ SALLES (1860-1929)

ANDRÉ SALLÈS

André SALLES, dont on va jeter aux enchères les livres et les monnaies, fut un Français du dehors, un marin d'abord, puis un colonial. Peut-être quelque atavisme a-t-il contribué au choix de sa carrière, car si son père était d'une ancienne famille des Hautes-Pyrénées, sa mère avait une ascendance créole de Saint-Domingue.

Né à Tarbes, le 5 *septembre* 1860, *Salles devint aide-commissaire de la marine en* 1882, *fit la campagne de Chine en* 1884-1885, *et se trouva à Formose sur l'*Éclaireur, *lors des opérations de l'amiral Courbet. En* 1888-1889, *il était aux Antilles et à Terre-Neuve, et en* 1893 *dans l'escadre du Levant.*

Sous-commissaire en 1889, *il passa dans l'inspection coloniale en* 1894, *et fit des tournées d'inspection aux Antilles, en Indochine, au Dahomey, à La Réunion, à la Côte des Somalis, à Tahiti. En* 1906, *il prenait sa retraite comme inspecteur de* 1re *classe et officier de la Légion d'honneur, retraite active et qui lui permît de se livrer plus complètement à ses goûts.*

Bien que la carrière d'André Salles n'ait pas été principalement indochinoise et qu'il eût gardé à l'ensemble de notre domaine colonial passé et présent assez d'intérêt pour réunir jusqu'à sa mort une collection remarquable de monnaies et de médailles où le Canada et les Antilles figuraient en bonne place, on peut dire que ses plus vives sympathies allaient à notre colonie d'Extrême-Orient, en particulier à sa population indigène que Salles appréciait et aimait, et pour qui il se dépensa toujours sans compter. Lorsque, sur la soixantaine, il fonda un foyer, c'est l'Indochine qu'il voulut montrer à sa jeune femme, et leur fillette naquit à Saïgon. Mais bientôt après sa santé commença à donner des inquiétudes, et un mal sournois se déclara, qui l'a emporté le 2 *février* 1929.

Les publications d'André Salles sont assez peu nombreuses et, de 1885 *à* 1898, *se bornent à six articles parus dans l'*Annuaire du Club Alpin; *par la suite, le* Bulletin des Amis du Vieux-Hué *a accueilli ses recherches sur* Les Français au service de Gia-long, *parmi lesquelles celles sur* J.-B. Chaigneau et sa famille *font tout un volume. Ces publications indochinoises de Salles sont le fruit d'un grand labeur, poursuivi avec amour pendant bien des années. Nul ne connaissait comme Salles tout ce qui concernait Mgr d'Adran et ses compagnons. Il avait été un des promoteurs de la création du musée d'Origny en Thiérache et avait recherché par le monde entier les traces de ceux qui avaient répondu à l'appel de l'évêque missionnaire. La mort l'a surpris*

avant qu'il eût donné toutes ses notes, en particulier celles sur Dayot, parce qu'il lui manquait encore certains documents qu'il ne désespérait pas de découvrir et que sa scrupuleuse conscience n'admettait pas de publier sur un sujet, tant qu'il restait un détail à fixer. Du moins laisse-t-il, pratiquement achevée, une Bibliographie des Lettres édifiantes *dressée avec la minutie qu'il apportait à ses enquêtes : caractères, papiers, filigranes, il a tout examiné et comparé, et a abouti à des trouvailles qui font honneur à sa perspicacité ; puisse cette œuvre importante paraître, et sans trop de délai !*

La bibliothèque réunie par André Salles est à l'image de sa nature délicate et probe. Tous les livres y sont en bonne condition, dûment collationnés, certains introuvables, d'autres de provenance illustre. Salles ressentait un défaut dans un livre comme chez un homme, et aimait la beauté.

P. PELLIOT.
Membre de l'Institut.

PUBLICATIONS DE M. ANDRÉ SALLES

1° « A bord de l'Éclaireur, en escadre de l'Extrême-Orient (novembre 1884, octobre 1885) », dans *Annales du Club Alpin*, 1885; pp. 298-335.

2° « Une excursion à La Réunion », *ibid.*, 1887 ; pp. 365-393.

3° « Autour de la Mer des Antilles », *ibid.*, 1889 ; pp. 320-350.

4° « Autour de Terre-Neuve (Saint-Pierre, sur le « French Shore » ; « Saint-John's ») », *ibid.*, 1890 ; pp. 379-395.

5° « Une tournée en Indochine » (novembre 1895 — mai 1896), *ibid.*, 1897 ; pp. 446-495.

6° « Au Tonkin et en Annam », *ibid.*, 1898 ; pp. 453-512.

7° « Les Français au service de Gia-long ». IV. « Les tombes de J.-B. Chaigneau et Ph. Vannier au cimetière de Lorient », 10 pages in-8 et 7 planches (Extr. du *Bulletin des Amis du Vieux-Hué*, avril-juin 1921).

8° *Id.* VII. « Les diplômes et ordres de Service de Vannier et de Chaigneau », 42 pages et 18 planches (Extr. du *B. A. V. H.*, avril-juin 1922). [C'est la traduction, par le P. Cadière, de documents en chinois trouvés et acquis par A. Salles].

9° *Id.* VIII : « Les diplômes et ordres de service de Vannier et de Chaigneau ; description des documents », 10 pages et 1 planche (Extr. du *B. A. V. H.*, juillet-sept. 1922).

10° « Visite de S. M. l'Empereur d'Annam à la Société de Géographie le 10 juillet 1922 », 16 pages et 8 planches (Extr. du *B. A. V. H.*, oct.-déc. 1922).

11° « Le Mémoire de la Cochinchine de Jean-Baptiste Chaigneau », publié et annoté, 51 pages (Extr. du *B. A. V. H*, avril-juin 1923).

12° « J.-B. Chaigneau et sa famille », 208 pages, [et 2 ff. distincts d'*Errata*] et 21 planches (Extr. *B. A. V. H.*, janv.-mars 1923); compte-rendu dans *T'oung-Pao*, 1923 ; pp. 321-324.

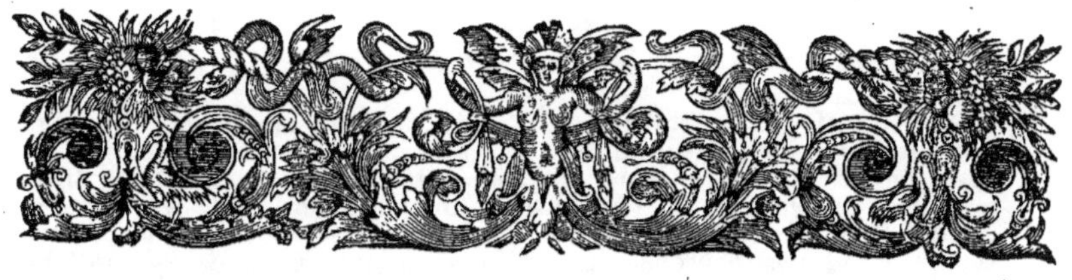

Collection de M. André Salles[1]

PREMIÈRE VACATION

A la fin de chaque vacation seront vendues de grandes quantités de livres en lots.

1. ACADÉMIE DES SCIENCES COLONIALES. *Comptes rendus* des Séances. Communications. Années 1922-28 ; 8 vol. et 11 fascicules. — *Annales*. 2 vol. ; in-4, brochés.

   Cartes, plans, photographies.

2. ADAMS (Robert). Nouveau voyage dans l'intérieur de l'Afrique fait en 1810, 1811, 1812, 1813 et 1814 ou Relation de Robert Adams, américain des États-Unis, contenant les détails de son naufrage sur la côte occidentale de l'Afrique ; de sa captivité, pendant trois années, chez les Arabes du Sahara ou Grand Désert ; et de son séjour dans la ville de Tombouctou avec carte, notes et appendices. Traduit de l'Anglais par le Chevalier de Frosans. *A Paris, chez Michaud*, 1817 ; in-8, demi-bas., dos orné, tr. jasp. (*Rel. anc.*)

   Ouvrage orné d'une carte gravée pliée in-fol.
   Collation : 9 ff. liminaires, 304 pp., carte et 2 ff.

3. AFRIQUE. Carton contenant de nombreuses cartes, gravures, images, documents relatifs à l'Afrique et à l'Algérie.

4. AFRIQUE. Réunion de trois gravures en taille-douce du XVIIIe siècle, dont l'une coloriée, relatives au Roi d'Arda.

5. ALAVAILL (Elie). Richesses agricoles et forestières du Tonkin. *Paris, Challamel*, 1888 ; in-8, broché.

   Edition originale.

6. [ALEXANDRE (R. P. Noël)]. Conformité des cérémonies chinoises avec l'idolâtrie grecque et romaine. Pour servir de confirmation à l'Apologie des Dominicains missionnaires de la Chine. *A Cologne, chez les Héritiers de Corneille d'Egmond*, 1700 ; in-12, veau brun, dos à nerfs orné avec pièce de titre rouge, tr. jasp. (*Rel. anc.*)

   Curieux ouvrage.
   On a relié avec ce traité un certain nombre de documents émanant de dominicains dans lesquelles ces religieux exposent aux Jésuites leurs théories missionnaires. Quelques-uns de ces documents sont adressés au père Dez, provincial des Jésuites.

(1) Chaque volume porte sur la garde la signature de M. André Salles.

7. ALEXANDRE (P. Noël). Ad R. P. Natalis Alexandri ord. præd. historiam Ecclesiasticam supplementum duas in partes distributum in quarum prima opem ferentibus viris eruditissimis aliquot tridentini concilii decreta illustrantur et vindicantur : in altera dissertationibus historicis Res ecclesiae et imperii Saeculorum XVII e XVIII quae in ea historia desirantur Recensentur et ad nostra usque tempora perducuntur. *Bassani, sed prostant Venetiis apud Remondini*, 1778; 2 t. en 1 vol. in-fol., demi-vél. bl. à coins avec pièce de titre orange au dos, tr. jasp. (*Rel. anc.*)

8. ALLIANCE FRANÇAISE (Bulletin de l'). Années 1889 à 1925 : 1889 à 1913, reliées demi-chag. noir; 1914 à 1925 en fascicules brochés.

9. ALMEIDA (Emm.) Histoire de ce qui s'est passé es royaumes d'Ethiopie en l'année 1626 jusqu'au mois de Mars 1627 ; et de la Chine, en l'année 1625, jusqu'en février de 1626. Avec une briefve narration du voyage qui s'est fait au royaume de Tunquim nouvellement descouvert. Traduites de l'Italien en françois par un Père de la mesme Compagnie. *Paris, Séb. Mabre-Cramoisy*, 1629; pet. in-8, vélin blanc moderne.

Édition originale. 4 ff. prél., pages 1 à 107, pour l'*Histoire de l'Ethiopie* d'Emm. Almeida ; pages 108 à 190 pour l'*Histoire de la Chine* d'Em. Diaz; pages 191 à 210 pour la *Relation du Tonkin* de J. Baldinotti.

Sur le titre, cet envoi autographe de l'éditeur : *Ex-dono Sebastiani Cramoisii.*

10. AMERICANA. — Georges Andrieux : Catalogue de la Collection of miss D... formed mainly from the collections of Zadock Pratt and George W. Pratt.... Books, Autographs, Engraving, Manuscripts, Medals, Maps, Plans and important original documents, concerning America, the War of Independance, West Indies, India, Protestantism, Slavery, Travels.... *Paris, Georges Andrieux*, 1927 ; gr. in-8, cart. brad., demi-toile, couv. cons.

Important catalogue de livres et documents décrits avec beaucoup de détails. Ils concernent principalement l'Amérique et les Indes occidentales. Ce cata- est orné de nombreuses reproductions hors texte et dans le texte : fac-similés d'autographes de Franklin, La Pérouse, Rochambeau, Wolff, etc., titres des livres les plus rares, reproductions de billets de banque de la période de la guerre d'Indépendance, portraits, premières cartes, etc.

11. AMÉRIQUE. Recueil de pièces : Notice sur la vie de M. Poivre. *Philadelphie*, 1786. — Lettre remise à Frédéric-Guillaume II, roi régnant de Prusse par le Comte de Mirabeau. *Berlin*, 1787. — Examen critique des voyages dans l'Amérique septentrionale de M. le Marquis de Chatellux par J. P. Brissot de Warville. *A Londres*, 1786. — Dénonciation de l'Agiotage au Roi et à l'Assemblée des notables par le comte de Mirabeau. *S. l.*, 1787. — Eloge de M. Lacroix, avocat au parlement de Toulouse par M. Carrière-Duvilar. *A Toulouse, Bellegarigue*, 1788 ; in-8, bas. mouch., dos orné avec pièce de titre noire, tr. jasp. (*Rel. anc.*)

Avec la vie du célèbre voyageur Poivre, ce recueil contient en ÉDITION ORIGINALE, deux bons opuscules de Mirabeau.

12. AMIOT (Père Joseph). Mémoire sur la musique des Chinois, tant anciens que modernes; avec des notes, des observations et une table des matières par M. l'Abbé Roussier. *A Paris, chez Nion l'aîné*, 1779; in-4, br., couv. muette.

Bel exemplaire non coupé.

Collation : 1 f. liminaire, 254 pp., 22 planches gravées et 8 tableaux.

13. ANDRÉ-MARIE (R. P. Fr.). Missions dominicaines dans l'Extrême-Orient. *Paris, Bauchy*, 1865 ; 2 vol. in-12, demi-bas. marb., dos à nerfs avec pièces de titre grenat, tête dor.

Bonne carte pliée.

14. ANECDOTES CHINOISES, Japonaises, Siamoises, Tonquinoises, etc., dans lesquelles on s'est attaché principalement aux mœurs, usages, coutumes et religions de ces différens peuples de l'Asie. *Paris*, 1774; in-8, veau marb.

422, 234, 52, 32 pp. Rare.

15. ANNALES DE LA PROPAGATION DE LA FOI. Recueil périodique des lettres des évêques et des missionnaires des missions des deux mondes.... Collection faisant suite aux Lettres édifiantes. *Lyon et Paris*, série complète des tomes 1 à 64 et album; in-8, couv. bleues, brochés.

16. ANNUAIRE de la Cochinchine française pour l'année 1866; *Saïgon, Imprimerie impériale*, 1866; 3 part. en 1 vol. in-8, cart. demi-toile grenat, bradel, tr. jasp.

Annuaire rare, qui semble être le premier de ce genre; il renferme d'intéressants renseignements sur l'agriculture et l'hydrographie, la liste du personnel des diverses administrations de la colonie, des notices sur certaines villes ou parties de la Cochinchine, etc.; il renferme la carte des possessions françaises et le plan de Saïgon, lithographiés et repliés.

17. ANNUAIRE de la Curiosité, des Beaux-Arts et de la Bibliophilie. *Paris, F. Campbell*, 90, *rue Saint-Lazare*, 1929; fort vol. in-8 de 736, pages, cart. perc. bleue. (*Cart. de l'éditeur.*)

Dernière édition de cet important annuaire, contenant : 1° de nombreux renseignements pratiques (sur les Musées, les Bibliothèques, etc.); 2° la liste des principales Ventes publiques d'octobre 1927 à juin 1928, avec l'indication des tableaux, statues, meubles, tapisseries, dentelles, céramiques, timbres-poste, etc., et livres, reliures et manuscrits ayant atteint dans ces ventes un prix élevé, avec ce prix et le nom de l'aquéreur; 3° des reproductions de marques de meubliers; 4° plus de 20.000 adresses d'amateurs-collectionneurs, de bibliophiles, d'antiquaires et de libraires-bouquinistes de la France et de l'étranger.

18. ANQUETIL DUPERRON. L'Inde en rapport avec l'Europe. Ouvrage divisé en deux parties. La première, sur les intérêts politiques de l'Inde; la deuxième, sur le Commerce de cette contrée. *Paris, Moutardier*, an VII (1799); 2 vol., in-8, demi-bas. fauve, dos plats ornés de motifs dor., tr. mouch. (*Rel. de l'époque.*)

Selon le titre, cet ouvrage donne aussi un *tableau détaillé, exact, effrayant du Machiavélisme anglais aux Indes Orientales, et offre au gouvernement français et au commerce, une ressource assurée, dans le Rétablissement mûrement réfléchi et si redouté de nos rivaux, d'une Compagnie des Indes, souveraine, avec privilège exclusif.*

19. ANVILLE (Jean-Baptiste Bourguignon d'). Antiquité géographique de l'Inde et de plusieurs autres contrées de la Haute Asie. *A Paris, de l'Imprimerie royale*, 1775; in-4, demi-bas. marb., dos à nerfs orné avec pièce de titre rouge, tr. jasp. (*Rel. mod.*)

Superbe édition à grandes marges de cet excellent ouvrage orné de trois cartes géographiques pliées et gravées par de la Haye.
Collation : 6 ff. liminaires, 238 pp. et 6 ff.

20. D'APRÈS DE MANNEVILLETTE. Instructions sur la navigation des Indes Orientales et de la Chine pour servir au Neptune Oriental. *Paris*, 1775. — Supplément au Neptune Oriental. *Paris*, 1781. Les 2 parties en 1 vol. in-4, d.-r. v.

On a joint à cet exemplaire la Biographie de d'Après de Mannevillette par V. Toussaint.

21. AQUARELLES TONKINOISES ORIGINALES. Huit charmantes aquarelles très finement exécutées, de format in-4, représentant principalement la culture du riz, reliées en un album demi-chagrin bleu.

22. AQUARELLES ORIGINALES. Album de 29 aquarelles exécutées en des tons très vifs et chauds, représentant des scènes de la vie d'Extrême-Orient.

23. AQUARELLES ORIGINALES. Album de quatorze aquarelles originales, miniaturées et gouachées, se repliant, représentant de très curieuses scènes.

24. AQUARELLES ORIGINALES. Album de quinze aquarelles originales gouachées et rehaussées d'or, se dépliant, dont l'ensemble donne le tableau complet et détaillé d'une très curieuse procession.

25. AQUARELLES ORIGINALES. Album de dix aquarelles rehaussées de gouache, donnant des scènes de la vie quotidienne.

26. ARMAND (Ad.). Lettres de l'expédition de Chine. *Rozier*, 1864; in-8, demi-chag.

Intéressants souvenirs à la fois militaires et médicaux sur la guerre de Chine par le médecin-chef de l'hôpital militaire de Saïgon.

27. ARNAULD (Antoine). La Morale pratique des Jésuites... où elle est représentée en plusieurs histoires, arrivées dans toutes les parties du monde. *S. l.* 1683-1716; 8 vol. in-12, mar. rouge, encadr. de fil. dor., dos à nerfs ornés de fleur. dor., dent. int. dor., tr. dor. (*Rel. anc.*).

Les deux premiers volumes sont de S. J. du Cambout de Pontchateau, tous les autres d'Antoine Arnauld. A partir du tome IV, chaque volume a un titre particulier.

Superbe exemplaire réglé (pour les tomes 1, 2, 3 et 5), *et très frais, dans de jolis maroquins anciens très bien conservés.*

Le tome II est orné d'une belle et curieuse planche repliée intitulée : *Marche du P. Martinius, jésuite mandarin du premier ordre.*

28. ART (L') d'apprendre la géographie sans maître ou nouvelle méthode d'étudier facilement et en peu de temps la géographie. *Utrecht, Et. Néaulme*, 1742; in-8, vélin blanc. (*Rel. anc.*)

Six ff. prél., et 304 pp. ch.
Édition originale.

29. ART DÉCORATIF D'EXTRÊME-ORIENT. Album de 18 dessins originaux au crayon : paravents, éventails, armes, objets usuels, sièges, pagodes, etc....

30. ASIE FRANÇAISE (L'). Bulletin du Comité de l'Asie française. Années 1901 à 1926. *Paris*, ens. 19 vol. in-4, demi-chag. rouge, fil. dor., tr. mouch.

31. ATLAS ARCHÉOLOGIQUE de l'Indochine. Monuments du Champa et du Cambodge, par le Capitaine E. Lunet de La Jonquière. *Paris, Imprimerie Nationale*, 1901 ; in-fol., cartes doubles coloriées.

32. ATLAS de la Basse Cochinchine ou Nam-Ki et du Royaume du Cambodge ou de Kemer. Par L. Manen. In-fol., demi-chag. vert ; 17 cartes doubles coloriées.

33. ATLAS. L'Indicateur Fidèle ou Guide des Voyageurs, qui enseigne toutes les routes royales et particulières de la France, accompagné d'un itinéraire

instructif et raisonné sur chaque route qui donne le jour et l'heure du départ, de la dînée et de la couchée, tant des coches par eau, que des carrosses diligences et messageries du Royaume, etc., dressé par le sieur Michel, mis au jour et dirigé par le sieur Desnos, V[e] édition corrigée et considérablement augmentée en 1785, etc. *Paris*, 1785; in-4, *demi-bas.* (*Rel. anc.*)

Album, comprenant un titre et une dédicace gravée hors texte, et vingt planches, coloriées, la plupart repliées, montées sur onglets.
Légères mouillures. Reliure endommagée.

34. AUBARET. Histoire et description de la Basse Cochinchine (pays de Gia-Dinh), traduites pour la première fois d'après le texte chinois original par G. Aubaret, publiées par ordre de Son Exc. le Comte de Chasseloup-Laubat. *Paris*, *Imprimerie Impériale*, 1863; grand in-8, demi-veau jaune, dos à nerfs avec pièce de titre rouge.

35. AYMONIER (E.). Les Tchames et leurs religions (Annam). *Paris*, 1891; gr. in-8, 111 pp., cart. brad. demi-toile brune.

36. AYMONIER (E.). Le Cambodge. I. Le royaume actuel avec 14 cartes et gravures. II. Les provinces Siamoises avec cartes et gravures. III. Le groupe d'Angkor et l'histoire avec carte et gravures. *Paris*, *Leroux*, 1900-1904; 3 vol. in-8, brochés.

Envoi autographe de l'auteur à A. Tissandier.

37. BARON (Samuel). A description of the kingdom of Tonqueen, *s. l. n. d.* in-fol., brad.; demi-bas. grenat, coins, tr. mouch. (*Rel. mod.*)

Extrait de l'ouvrage de Samuel Baron sur le Tonkin, tiré de l'édition originale.
Orné de sept curieuses planches gravées en taille-douce.

38. BARON (Samuel). Le même extrait que le précédent, tiré de la seconde édition; in-fol. brad., demi-veau marb. jans. *Rel. mod.*)

39. BARROW (John). Voyage to Cochinchina, in the years 1792 and 1793; containing a general view of the valuable productions and the political importance of this flourishing kingdom... *London*; *Cadell and Davies*, 1806; in-4, veau fauve, encadr. de fil. dor. et rangées de perles, dos orné de fleur. dor., tr. marb. (*Rel. anc.*)

Orné de vingt belles planches gravées, *finement coloriées* à l'époque; flore, scènes de mœurs, paysages, etc...
Très légères mouillures.

40. BARROW (John). Voyage à la Cochinchine, par les îles de Madère, de Téneriffe et du Cap Vert, le Brésil et l'île de Java, contenant des renseignements nouveaux et authentiques sur l'état naturel et civil de ces divers pays, accompagné de la relation officielle d'un voyage au pays des Bouthouanas, dans l'intérieur de l'Afrique australe, traduit de l'anglais par Malte-Brun. *Paris*, 1807, 2 vol. in)8, bas. marb., dos plats ornés d'amphores et décors dor., tr. rouges, et atlas in-4, demi-veau à coins. (*Rel. anc.*)

L'atlas contient dix-huit très belles planches gravées en taille-douce, représentant des paysages, types d'indigènes, scènes de mœurs, et deux planches de botanique, *finement coloriées à l'époque*.

41. BARROW (John). Reise nach Cochinchina in den Jahren 1792 und 1793... *Weimar*, 1808; in-8, cart. pap. ancien, tr. rouges.

Première édition allemande, XLVI pages prél., et 504 p. ch.
Bon exemplaire.

42. BARTOLI (P. Daniello). Dell' historia della Compagnia di Gesù. La Cina. Dell, Asia. *In Roma, Nella Stamperia di Varese*, 1663; in-fol., vél. bl., dos orné avec pièces de titre rouge et verte, tr. jaunes. (*Rel. anc.*)

Cette histoire fut puisée en grande partie dans les manuscrits du Vatican et contient de curieux documents.
Collation : 4 ff. liminaires, 1152 pp. et 4 ff.

43. BARTOLI (Daniello). Dell' Istoria della Compagnia di Gesù. L'*Asia*. *Piacenza, dalla tipografia del Maino*, 1819-1820; 4 vol. in-8, demi-vél. bl. à coins, tr. jasp., dos ornés avec pièces de titre oranges et pièces de tomaison grenat. (*Rel. romant.*)

Bons documents sur les missions des Jésuites.
Collation : Tome I : 156 pp. et 1 f. ; tome II ; 246 pp. et 1 f. ; tome III ; 155 pp. et 1 f. ; tome IV : 247 pp.

44. BARTOLI (P. Daniello). Degli uomini e de Fatti della Compagnia di Gesù, memorie istoriche. *Torino, per Giacinto Marietti*, 1847 ; 2 vol. in-8, br., couv. et dos cons., n. r.

Collation : 1 f. liminaire et 324 pp.; 3 ff. liminaires et 244 pp.

45. BATEAUX. Trois aquarelles originales très finement exécutées de bateaux construits vers 1840.

46. BAUDIN (Nicolas), navigateur, dont les voyages eurent des résultats fructueux pour la science, né à l'île de Ré. — L. s. avec un long post-scriptum aut. ; île de France, à bord du *Géographe*, 4 floréal an IX, 4 p. 1/2 in-folio. Jolie vignette gravée représentant deux corvettes ; le *Géographe* et le *Navigateur*. Au-dessus, dans une banderolle, on lit : *Bonaparte, premier consul.*

Très rare.
Intéressante lettre qui contient le journal de Navigation depuis Ténériffe jusqu'à l'île de France.
On a joint, trois beaux portraits gravés de N. Baudin, et une invitation au dîner d'adieu qui lui fut offert, signée de Le Vaillant, le célèbre voyageur.

47. BAZANCOURT (Baron de). Les Expéditions de Chine et de Cochinchine, d'après les documents officiels, avec pièces justificatives. *Paris, Amyot*, 1861 ; 2 vol. in-8, demi-bas. marb., têtes dor., non rognés.

48. BEAUGRAND (H.). La Chasse-Galerie. Légendes canadiennes. *Montréal*, 1900; in-8, couv. peau verte, étui.

Édition originale. Nombreuses illustrations hors-texte. Envoi autographe de l'auteur.

49. BÉLIDOR (Bernard Forest de). La Science des Ingénieurs dans la conduite des travaux de fortification et d'architecture civile. *A Paris, chez Claude Jombert*, 1729 ; in-4, veau marb., dos à nerfs orné, tr. r. (*Rel. anc. un peu usagée*).

Édition originale, dédiée à Louis XV. Superbe frontispice gravé par Rigault. Fleurons et nombreuses planches hors-texte gravées et pliées.
Coins usés.

50. BENGALE. État civil, politique et commerçant du Bengale ou Histoire des conquêtes et de l'administration de la Cie Anglaise dans ce pays. *A Maestricht, chez J.-E. Dufour*, 1778 ; 2 tomes rel. en 1 vol. in-8, demi-veau vert, dos orné de fil. dor. (*Rel. de l'époque*).

Deux frontispices gravés et une carte se dépliant.
Ex libris manuscrit du Comte de Fleury.

51. BENOIST (Ch.). Les Français et le Nord-Ouest Canadien. *Bar-le-Duc*, 1895 ; in-8, demi-bas. brune.

Edition originale. Intéressant document sur la question des écoles au Canada.
On a joint une lettre du père de l'auteur, donnant des détails sur l'œuvre de son fils.

52. BERGAIGNE (A.). L'ancien royaume de Campa dans l'Indo-Chine, d'après les inscriptions. *Paris*, 1888 ; in-8, cart. demi-toile bleue.

53. BÉROD (Abbé). Vie de Monseigneur Pierre-André Retord, évêque d'Acanthe et vicaire apostolique du Tong-King occidental. *Lyon*, *Perrin*, 1859 ; in-8, demi-chag. marron, dos à nerfs jans., têt. jasp., couv. cons.

Vie d'un missionnaire du Tonkin.

54. BEYLIÉ (Général L. de). Les Ruines d'Angkor. *Paris*, *Ernest Leroux*, 1909 ; gr. in-8, cart., couv. cons.

Seize gravures.

55. BIBLIOTHÈQUE ASIATIQUE et Africaine ou catalogue des ouvrages relatifs à l'Asie et à l'Afrique qui ont paru depuis la découverte de l'imprimerie jusqu'en 1700 ; par H. Ternaux-Compans. *Paris*, *chez Arthus Bertrand*, 1841 ; in-8, demi-chag. bleu, dos à nerfs jans., têt. jasp.

Ouvrage recherché.

56. BIBLIOGRAPHIE ANNAMITE. Livres, recueils périodiques, manuscrits, plans, par M. V.-A. Barbié du Bocage. *Paris*, *Challamel*, 1867 ; in-8, demi-veau vert, dos à nerfs jans., tr. jasp.

Volume de travail intercalé de feuillets blancs pour les notes.

57. BIBLIOGRAPHIE. Essay towards a Bibliography of Siam. By E.-M. Satow. *Singapore, printed at the government printing office*, 1886, in-8, cart.

58. BIBLIOGRAPHIE. — P. B. Pour mieux connaître l'Indochine. Essai d'une bibliographie. *Hanoi-Haiphong*, 1922. — Bibliographie de l'Indochine française, *Hanoï*, 1924 ; 2 ouv. en 1 vol. in-8, cartonnage gaufré dans le style annamite, têt. j.

59. BIBLIOTECA ORIENTAL Comprende 2.747 obras relativos a Filipinas, Japon, China y otras partes de Asia y Oceania, con comentarios y 96 reproducciones en fac simile. *Madrid*, *Vindel*, 1911 ; 2 vol in-12, br.

Tomes IV et V du catalogue de la librairie Vindel.

60. BIBLIOTHECA SCRIPTORUM Societatis Jesu, post excusum anno 1608 catalogum R. P. Petri Ribadeneiræ Societatis ejusdem theologi, nunc hoc novo apparatu librorum ad annum reparatæ salutis MDC.XLII editorum concinnata, et illustrium virorum elogiis adornata, a Philippo Alegambe Bruxellensi ex eadem Societate Jesu. *Antverpiæ*, *apud Joannem Meursicum*, 1643 ; in-fol., non rog. (*Cart. anc.*)

Très bon catalogue contenant un grand nombre de livres sur les missions d'Orient. Collation : 12 ff. liminaires et 587 pp.

61. BIBLIOTHECA SCRIPTORUM Societatis Jesu opus inchoatum a R. P. Petro Ribadeneira ejusdem societatis theologo, anno salutis 1602. Continuatum a R. P. Philippo Alegambe ex eadem Societate, usque ad annum 1642. Recognitum, et productum ad annum Jubilæi MD.C.LXXV a Nathanaele Sotuello. *Romae, ex typographia Jacobi Antonii de Lazzaris Varesii*, 1676; in-fol., vél. blanc, dos à nerfs, ais de bois recouverts de peau estampée à froid, fermoirs. (*Rel. anc.*)

Collation : 18 ff. liminaires, 982 pp. et 1 f.

BIBLIOGRAPHIE. Voir Cordier.

62. BILLETS DE BANQUE DE LAW. Edits et arrêts du Conseil d'Etat concernant les missions des circulations et la réglementation des billets de banque. Réunion de 13 imprimés in-4, datés de 1717 à 1724.

63. BLANCARD (Pierre). Manuel du Commerce des Indes ou exposé de celui que les Nations Européennes font et peuvent faire aux Indes Orientales, à la Cochinchine, à la Chine, aux Isles Philippines, au Golfe Persique et à la Mer Rouge; précédé et suivi de considérations importantes sur ce commerce : enrichi d'une carte des Mers de l'Asie, dressée par M. Lopic. *A Paris, chez Caille et Ravier*, 1806, in-fol., vél. bl., pièces de titres rouges, têt. jaune. (*Rel. mod.*)

Bel exemplaire.
Collation : 35 ff. liminaires, 544 pp., 72 pp. et 12 ff.

64. BORRI (Christoforo). Relatione della nuova missione della Compagnia di Giesu, al regno della Cocincina, scritta dal Padre Ch. Borri, milanese.... *Roma et Bologna, per Francesco Catanio*, 1631; petit in-8, parchemin blanc à recouv. (*Rel. mod.*)

218 pp. y compris le titre.
Relation très rare.
Exemplaire légèrement rogné.

65. BORRI (Christ.). Relation de la nouvelle mission des Pères de la Compagnie de Jésus, au royaume de la Cochinchine.... Traduite de l'italien du Père Ch. Borri..., par le Père Ant. de la Croix. *Lille, P. de Rache*, 1631; in-12, vélin blanc anc.

Édition originale de la traduction française. Le Père Borri fut un des premiers explorateurs de la Cochinchine.
2 ff. prél., 222 pp. et 1 f. de privilège.

66. MÊME OUVRAGE, même édition, en reliure moderne.

67. BORRI (Christophe). An Account of Cochin-China in two parts. The first treats of the temporal State of that Kingdom the second of what concerns the spiritual. Written in italian by R.-F. Cristopher Borri. *S. l. n. d.*, pet. in-fol. (*Cart. mod.*)

Traduction anglaise imprimée sur deux colonnes.
Collation : 52 pp.

68. BOTERO (Jean) dit Benisius. Le Relationi Universali di Giovanni Botero Benese. *In Venetia, Appresso Nicolà Polo*, 1602; petit in-4, vélin blanc. (*Rel. anc.*)

Quatre planches gravées pliées donnant les parties du monde. Lettres ornées, fleurons et culs-de-lampe gravés sur bois.

Impression en italique.
Réparations au dernier feuillet de la table.
Rousseurs. Reliure déboitée.
Collation : 17 ff. liminaires et 240 pp. pour le premier livre ; 10 ff. liminaires et 152 pp. pour le second livre ; 183 pp. et 3 ff. pour le troisième livre ; 8 ff. liminaires et 79 pp. pour le quatrième livre.

69. BOUCHOT (Jean). Documents pour servir à l'Histoire de Saïgon (1859 à 1865). *Saïgon, Albert Portail*, 1927, gr. in-8, demi-chag. bleu, dos à nerfs orné, têt. jasp., couv. cons.

70. BOUINAIS et PAULUS. L'Indo-Chine française contemporaine. Deuxième édition. *Paris*, 1885, 2 vol. gr. in-8, cartes et grav., demi-chag. rouge, tr. mouch.

71. BOURGES (de). Relation du Voyage de l'évêque de Beryte, vicaire apostolique du royaume de la Cochinchine, par la Turquie, la Perse, les Indes, etc., jusqu'au royaume de Siam et autres lieux. *Paris, Bechet*, 1666 ; in-8, vélin blanc de l'époque.

6 ff. lim., 245 pp. et 3 pp. de table.
Édition originale, rare.
Carte du voyage ; en couleurs, repliée et montée sur onglet.
Une partie de l'ouvrage traite des mœurs, coutumes et religion des Siamois.
Légères mouillures.

72. BOURGES (Père de). Relation du Voyage de Monseigneur l'Evesque de Beryte, par la Turquie, la Perse, les Indes, etc., jusqu'au royaume de Siam et autres lieux. Troisième édition. — Relation abrégée des Missions et des Voyages des Evesques françois envoyez aux royaumes de la Chine, Tonquin et Siam par Messire François Pallu. *A Paris, chez Charles Angot*, 1682, in-12, bas. mouch., dos à nerfs orné, tr. jasp. (*Rel. anc. réparée.*)

Collation : 4 ff. liminaires, 167 pp., 3 ff. liminaires et 51 pp.

73. DE BOURGES. Naaukeurig verhaal van de reis des bisschops van Beryte uit Frankryk naar China... over de Middlantsche Zee... deur Syrien, Arabien, Persien... (U. h. Fransch) van J.-H. Glazemaker vert. *Amst., A. Wolfgang*, 1669. Avec 8 grav. dans le texte, vélin blanc. (*Rel. mod.*)

1 f. de titre et 126 pp. ch.
Bel exemplaire.

74. BRANDA (P.). Le Haut-Mékong ou le Laos ouvert. *Paris*, 1887, in-8 de 82 pp., demi-maroq. bradel, non rog.

75. BREVIARIUM parisiense, illustrissimi et reverendissimi in Christo Patris D. D. Caroli-Gaspar Guillelmi de Vintimille, ex Comitibus Massiliæ du Luc, etc.... Pars Aestiva. *Parisiis, Sumptibus suis ediderunt Bibliopolæ Usuum Parisiensium*, 1736, in-4, maroq. rouge. triple fil. dor. sur les plats, dos à nerfs orné, dent. intér., tr. dor. (*Rel. anc.*)

Belle reliure du XVIII siècle.

76. [BRISACIER (Abbé de)]. — Lettre à M***, Docteur de Sorbonne, au sujet de la révocation faite par M. l'abbé de Brisacier de son approbation donnée en 1687 au livre intitulé : *Défense des nouveaux Chrétiens et des Missionnaires de la Chine*, etc... [par le R. F. Le Tellier, jésuite]. *S. l.*, 1700 ; pet in-8, mar. rouge, jans., dent. int. dor., tr. dor. (*Rel. anc.*)

Édition originale. Intéressants documents sur les actes des missionnaires en Chine.
Joli volume, dans son maroquin janséniste ancien, très frais
58 pp. y compris le titre.

77. BUFFIER (Père). Géographie universelle, exposée dans les différentes méthodes qui peuvent abréger l'étude et faciliter l'usage de cette science. *Paris, Giffart*, 1749; in-12, bas. marb., dos à nerfs orné de fleur. dor., tr. rouges. (*Rel. anc.*)

Dix-huit cartes repliées de tous les pays du monde.

78. BULLETIN DES AMIS DU VIEUX HUÉ. Série complète depuis le n° 1 (1914) jusqu'à 1928, avec tables. Ens. 16 vol. reliés demi-chag. rouge, décors dor., têtes dor., couv. cons., et 10 fascicules ou volumes brochés.

Cette collection est bien complète des tirages à part faits pour cette Société, dont voici les titres :
L'Art à Hué. Beau volume illustré de nombreuses reproductions en couleurs, bistre et noir.
Hué pittoresque.
Divers guides et albums.

79. BULLETIN DE L'ÉCOLE FRANÇAISE D'EXTRÊME-ORIENT. Années 1921-1926 et Index; ens. 9 vol. in-4, brochés.

Nombreuses illustrations dans le texte et hors texte.

80. CALENDRIER. Table générale du rapport du calendrier grégorien avec le calendrier républicain depuis le 1er Vendémiaire, an II (22 septembre 1793) jusqu'au 11 nivôse, an XIV (1er janvier 1806). Auquel on a joint un calendrier pour l'an 1807. Seconde édition. *A Paris, chez Mad. Cavanagh*, 1807; in-12, vél. bl., pièce de titre rouge au dos, tr. r. (*Rel. mod.*)

Cet ouvrage a été établi au moment de l'abolition du calendrier républicain pour faciliter les recherches dans les pièces de lois, contrats, etc.

CARTES ANCIENNES

81. SAINT-DOMINGUE. Très curieuse carte coloriée du XVIIIe siècle, avec indication des possessions françaises et espagnoles (légères réparations.)

82. TABULA MODERNA INDIÆ. 4 cartes, 1513, 1522, dont une en couleur. Précieux et rarissime document.

83. GASTALDI. Carte d'Asie en huit feuilles gravée par G. Olgiato, 1570.

84. CARTES DE L'ASIE. Deux cartes, par Bertus.

85. MERCATOR. Asiæ nova descriptio 1595. 5 cartes coloriées.

86. MERCATOR. Indiæ Orientalis. 8 cartes, dont 4 coloriées.

87. MERCATOR. China. 6 cartes, dont 2 coloriées.

88. HONDIUS. 7 cartes et 1 estampe coloriée représentant Mercator et Hondius.

89. BLAEU. 8 cartes, la plupart coloriées, des Indes Orientales, Chine, Asie, etc.

90. ORTELIUS. Indiæ Orientalis. 10 cartes (1570).

91. SANSON. 16 cartes, la plupart coloriées, de l'Indochine, Chine, Asie, Indes Orientales, etc.

92. JANSONIUS. Indiæ orientalis, nova descriptio. 5 cartes, dont 1 coloriée.

93. GEORGIO (L.). Chinæ nova descriptio (1585). 2 très curieuses cartes.

94. DU VAL. Orbis vetus (1655). 7 cartes du Siam et de la Chine.

95. DE FER (N.). 14 cartes (1700).

96. GUEUDEVILLE. 5 cartes.

97. WITT (F. R. de). Tabula Indiæ orientalis (1662). 2 cartes dont 1 coloriée.

98. JANVIER (1760). 10 cartes, la plupart coloriées.

99. BRION (1766). 3 cartes.

100. MUNSTER (S.). 4 épreuves d'une très curieuse carte des Indes Orientales (1555).

101. RÉUNION DE TROIS CARTES : *Corneliez de Moye*, carte des Moluques, 1725. — *Kircher*, carte de la Chine, 1630. — *Van Langren*, carte de l'Extrême-Orient, 1595.

103. INDES. 6 cartes, la plupart coloriées.

104. ASIE. 4 cartes.

105. SIAM. 6 cartes coloriées.

106. CARTES DIVERSES.

107. CATALOGUE DES LIVRES JÉSUITES. Catalogus librorum qui e typographia Sacr. Congregat. de propaganda fide variis linguis hactenus prodierunt. Romæ, exeodem typographia, c/ɔ/ɔcc LXI (1761). — Catalogus librorum theologicorum protestantium Amstelodami in officina Janssonio Waesbergiana prostantium. *Amstelodami, apud Janssonio-Waesbergios*, 1721 ; in-16, 2 ouv. en 1 fort vol. in-16, demi-vél. bl. (*Rel. anc.*)

Curieuse réunion des catalogues de l'imprimerie des Jésuites de Rome et des publications protestantes d'Amsterdam. Précieux document théologique. Coins usés.

108. CATALOGUE DES LIVRES de la bibliothèque de la maison professe des ci-devant soi-disans jésuites. *A Paris, chez Pissot, Gogué*, 1763 ; in-8, veau marb., dos à nerfs orné avec pièce de titre rouge, tr. r. (*Rel. anc.*)

Collation : 13 ff. liminaires, 448 pp. et 59 pp.

109. CATECHISMUS in octo dies divisus ab ALEXANDRO DE RHODES è societate Jesu, latino et annamitico idiomate compositus, in linguam Siamican translatus operâ D[ni] Laurentii, et ipsius manu litteris Siamicis exaratus ; in-4, demi-rel. rouge.

Manuscrit de 311 pp. sur papier de Chine, d'une écriture très fine et très belle.

Le cartonnage de ce manuscrit portait à l'intérieur l'ex-libris d'Alph. Pinart, avec la légende : Sic Oriens discutit umbras. » Cet ex-libris fut effacé.

110. CHABROL (Commandant). Opérations militaires au Tonkin. Avec 72 cartes et croquis dans le texte. *Paris, Ch. Lavauzelle*, 1896; in-8, demi-chag. citron, coins verts, tête dor.

Nombreux plans dans le texte.

111. CHAIGNEAU (Michel). Souvenirs de Hué (Cochinchine) par Michel Chaigneau, fils de J.-B. Chaigneau, ancien officier de marine, consul de France à Hué et grand mandarin. *Paris, Imprimerie impériale*, 1867 ; in-8, broché, couv. imp.

Orné de 4 planches.

112. CHAMBERLAYNE (John). Oratio Dominica Πολυγωττω, Πολυμογφω. Nimirum, plus centum Linguis, Versionibus, ant Characteribum reddita et expressa. Editio novissimo, speciminibres variis quam priores comitatior. *Londini, prostant apud Dan Brown, et W. Keblewhite*. CDDCC (1700). Pet. in-4, vélin bl. (*Rel. anc.*)

Recueil polyglotte du « Pater Noster ». Page 62, l'auteur regrette de ne pouvoir traduire cette prière « vocibus jopanicis, tungkingicis, kochinchinicis. » Collation : 3 ff. liminaires, 70 pp et 7 pp. manuscrites qui manquent au volume.

113. CHAPMAN. Relation d'un voyage à la Cochinchine, accompagnée de notions géographiques et historiques sur cette contrée et sur les mœurs, usages de ses habitans... *Paris, Buisson*, 1809 ; in-8, demi-cuir rouge, non rogné.

Deux très belles planches repliées, gravées en taille-douce.
De la collection des *Annales des Voyages*.

114. CHARLEVOIX (R. P. François-Xavier). Histoire de l'établissement, des progrès et de la Décadence du christianisme dans l'empire du Japon. Où l'on voit les différentes Révolutions qui ont agité cette monarchie pendant plus d'un siècle. *A Rouen, chez Pierre Le Boucher*, 1715 ; 3 vol. in-12, veau brun, dos à nerfs orn. av. pièce de titre rouge, tr. jasp. (*Rel. anc. un peu usag.*)

Édition originale d'un ouvrage documenté et recherché.

115. CHAUMONT (Chevalier de). Relation de l'ambassade de M. le Chevalier de Chaumont à la cour du Roi de Siam, avec ce qui s'est passé de plus remarquable durant son voiage. Troisième édition. *Paris, A. Seneuze et D. Horthemels*, 1687 ; in-12, veau brun, dos à nerfs orné de fleur. dor., tr. mouch. (*Rel. anc. restaurée.*)

260 pp. ch. et 2 pp. de Privilège. Orné de huit très curieuses figures gravées en taille-douce par *Vermeulen*, représentant des types d'indigènes, les vaisseaux dont ils se servent, etc.
On trouve à la fin le *Mémoire des Présens que le Roi [et la Reine] de Siam ont envoyés en France.*

116. CHINE. Réunion de huit belles et curieuses gravures du XVIIIe, représentant des processions, cérémonies chinoises diverses ; dont l'une, portrait de l'Empereur de la Chine, est *coloriée*.

117. [CHOISY (Abbé de)]. Journal du voyage de Siam fait en 1685 et 1686... *Paris, Seb. Mabre-Cramoisy*, 1687 ; in-4, veau brun, dos à nerfs orné de fleur. dor., tr. mouch. (*Rel. anc.*)

Édition originale. 2 ff. de titre et 416 pp

118. CHOISY (Abbé de). Journal du voyage de Siam fait en 1685 et 1686. Seconde édition. *Paris, Seb. Mabre-Cramoisy*, 1687; in-12, veau, armes au centre, tr. mouch. (*Rel. anc.*)

2 ff. prel., 652 pp. Bel exemplaire *aux armes du marquis de Meyrargues.*

119. MÊME OUVRAGE, même édition, in-12, veau ancien.

120. CHOISY (Abbé de). Journal du voyage de Siam. *Trévoux*, 1741; in-12, veau, 512 pp. (*Rel. anc.*)

121. CHOISY (Abbé de). Journal ou suite du voyage de Siam en forme de lettres familières fait en 1685-1686. *Amsterdam*, 1687; in-12 rel., veau marb., dos à nerfs orné de fleur. dor. et pièces d'armes au bas, tr. rouges. (*Rel. anc.*)

2 ff. n. ch., 377 pp et 3 ff. n. ch.
Rare.

122. CHOISY (Abbé de). Mémoires pour servir à l'histoire de Louis XIV... *Utrecht, Wan-de-Water*, 1747; pet. in-8, bas. mouch., dos orné, tr. mouch. (*Rel. anc.*)

2 ff. prel. et 515 pp. ch.
Reliure défraichie.

123. CHOISY (Abbé de). Mémoires pour l'histoire de Louis XIV avec préface, notes et table par M. de Lescure. *Paris, Jouaust*, 1888; 2 vol. in-8, demi-mar. rouge, dos ornés de fleur. dor., têtes dor.

124. [CHOISY (Abbé de)]. — La Vie de Monsieur l'Abbé de Choisy. *Lausanne et Genève, Bousquet.*, 1748; in-8, bas. rac., dos orné, tr. rouges. (*Rel. anc.*)

Édition originale de cette excellente biographie due à J. Thoulier d'Olivet. C'est un des meilleurs documents sur la vie mouvementée de ce singulier personnage, missionnaire, écrivain, après avoir passé sa jeunesse en habits de femme, profitant de tous les avantages de ce déguisement.
10 ff. prel., 249 pp. Réparation à un feuillet.

125. CHOISY (Abbé de). — ALEMBERT (d'). Eloges lus dans les séances publiques de l'Académie française. *Paris, Panckoucke*, 1779; in-12, demi-vélin anc.

Édition originale, contenant les éloges (et biographies) de l'*Abbé de Choisy* (pages 309 à 342), *de l'abbé de Saint-Pierre, Boileau, Bossuet, de Sacy, Fénelon, Fléchier, Crébillon, Massillon*, etc., et le *Dialogue de la Reine Christine et de Descartes.*
Incomplet du premier feuillet de l'Éloge de Massillon.
Mouillures.

126. CHUONG (Tran Van). Essai sur l'esprit du droit sino-annamite. *Paris, Librairie générale de Droit*, 1922; gr. in-8, cart. pap. fantaisie, couv. cons.

Édition originale.

127. COCHINCHINE. Réunion de vingt-quatre gravures : vues d'optique, lithographies, estampes en couleurs, plans anciens et modernes : vues de ports, martyres et persécutions, cérémonies; et une vue ancienne sur la prise de Tabago.

128. COCHINCHINE, ANNAM, TONKIN et DIVERS. Nombreux documents, manuscrits et imprimés.

Voyageurs africains. — Lettres curieuses. — Lettre autog. de Savorgnan de Brazza. — Liotard. Gouraud. Lyautey. — Autographes coloniaux. — Rivière. — Aymonier. — Deux dessins originaux de Cham. — Portraits divers. — Monuments du Cambodge. — Tonkin. — Paul Gauguin aux Marquises. — Les amiraux en Cochinchine. — Vues et scènes de mœurs de l'Annam. — Aquarelles non signées, etc.

129. COCHINCHINE. Voyage from France to Cochin-china in the Shiptten ry, captain Rey, of Bordeaux, in the years 1819 and 1820. *London, Richard Phillipps*, 1821 ; in-8. (Cart. mod.)

130. CODE NOIR (Le) ou recueil des règlemens rendus jusqu'à présent, concernant le gouvernement, l'administration de la Justice, la Police, la Discipline et le Commerce des Nègres dans les Colonies françaises. Et les Conseils et Compagnies établis à ce sujet. *Paris, Prault*, 1742 ; in-18, mar. rouge jans., dent. int. dor., tr. dor. (*Rel. anc.*)

Très rare et très recherché. 4 ff. prel. et 448 pp.
Très bel exemplaire, dans son maroquin janséniste ancien, bien conservé. (Petite réparation au titre).
Au verso du premier plat, bel ex-libris gravé : *De la Bibliothèque de Monsieur Larcher*. 1741.

131. COLONIES et divers. Nombreux documents, manuscrits et imprimés.

Les Colonies sous la Révolution. — Commerce des pays d'outre-mer. — Compagnie Royale d'Afrique. — Marine. — Troupes coloniales. — Dépot des papiers publics à Versailles. — Traités de paix. — Saint-Domingue.

132. COMPAGNIE DES INDES. Réunion de documents divers, arrêts, gravures, etc.

133. COMPAGNIE DES INDES. Deux manuscrits : Projet d'armement pour l'Ile de France, Pondichéry, Ceylan, Manille, etc. — Quittance du 15 octobre 1740.

134. CONWAY (Thomas, comte de). Deux signatures autographes au bas de deux lettres datées l'une de Pondichéry, 1788, l'autre de 1789. Cachets de cire intacts.

135. COOK. Troisième voyage de Cook ou Journal d'une expédition faite dans la Mer pacifique du Sud et du Nord en 1776, 1777, 1778, 1779 et 1780. Traduit de l'anglois. *A Paris, chez Pissot et Laporte*, 1782 ; in-8, veau marb., dos à nerfs orné, avec pièce de titre verte, tr. r. (*Rel. anc.*)

La traduction de cet ouvrage est due à J. N. Demeunier. Frontispice et carte gravés par Benard.
Collation : 7 ff. liminaires et 508 pp.

136. COOK (capitaine). Voyages dans la mer du sud, aux deux pôles, et autour du monde, accompagnés des relations de Byron, Carteret et Wallis, et d'une notice ou nouveaux détails extraits de différents voyages plus récents sur la Nouvelle-Zélande, etc. de 1764 à 1804. Traduction nouvelle, réduite à la partie historique, par M. G... t. (Gouriet). *Paris, Lerouge*, 1811, 6 vol. in-12, figures bas. rac., dos ornés de fers dor., tr. mouch. (*Rel. anc.*)

Bel exemplaire. Livre illustré de trente figures et d'une carte, gravées sur acier.

137. CORDIER (Henri). L'Extrême-Orient dans l'Atlas catalan de Charles V, roi de France. *Paris, Imprimerie Nationale*, 1895; in-4, demi-chagrin marron, tête dor., couv. cons.

Savant ouvrage bibliographique imprimé sur beau papier vergé et orné de deux planches de reproduction.

138. CORDIER (Henri) Centenaire de Marco Polo, conférence. *Paris, Leroux*, 1896; petit in-8, br.

139. CORDIER (Henri). Les Marchands hanistes de Canton. *Leide, Brill.*, 1902. — Une mission chinoise en Annam, 1840-1841. Traduit du chinois par feu Henri Fontanier. *Id.*, 1903. — La Reprise des relations de la France avec l'Annam sous la Restauration. *Id.*, 1903. — La France et l'Angleterre en Indochine et en Chine sous le Premier Empire. *Id.*, 1903. — La France et la Cochinchine; 1852-1858 : La Mission du *Catinat* à Tourane, 1856. Documents publiés par Henri Cordier. *Id.*, 1906; — Le Consulat de France à Canton au XVIIIe siècle. *Id.*, 1908. — Ens. 6 plaquettes réunies en 1 vol. gr. in-8, demi-chag. violet à coins, tête dor., non rogné, couv. (plats supérieurs) cons.

Recueil fort intéressant de ces plaquettes très bien imprimées sur beau papier vergé. La dernière est ornée de six curieuses planches hors texte donnant *les figures des étrangers qui fréquentaient le port de Canton.*

140. CORDIER (H.). La politique coloniale de la France au début du Second Empire Indochine, 1852-1858. *Leide, Brill*, 1911 ; in-8, demi chag. violet, tête dor., couv. cons.

141. CORDIER (Henri). Bibliotheca sinica. Dictionnaire bibliographique des ouvrages relatifs à l'empire chinois. *Paris*, 1906 ; 8 vol. in-4, brochés.

142. CORDIER (Henri). Bibliotheca indosinica. Dictionnaire bibliographique des ouvrages relatifs à la péninsule indochinoise. *Paris, Imprimerie Nationale, Ernest Leroux*, 1912-1915 ; 4 vol. in-8, br.

Ouvrage recherché.
Très rare.

143. CORDIER (Henri). Bibliotheca japonica. Dictionnaire bibliographique des ouvrages relatifs à l'Empire japonais rangés par ordre chronologique jusqu'à 1870, suivi d'un appendice renfermant la liste alphabétique des principaux ouvrages parus de 1870 à 1912. *Paris, Imprimerie Nationale, Ernest Leroux*, 1912 ; in-8, br.

144. CORRESPONDANCE (La) générale de la Cochinchine, 1785-1791, publiée par Henri Cordier. *Leide*, 1906-1907 ; gr. in-8 br., papier vergé, 256 pp. *Belle publication tirée à petit nombre.*

Cette période de la Correspondance offre un intérêt particulier, elle renferme les documents relatifs à la période pendant laquelle l'évêque d'Adran (Mgr de Béhaine), fit son voyage en France et signa, au nom de l'Annam, un traité à Versailles le 28 novembre 1787.

145. COSSIGNY (Jean-François Charpentier de). Lettre critique sur l'histoire des Indes de M. l'Abbé Gyon; supplément curieux et essentiel à cette histoire. Par M. D. C. I. E. C. D. B. (De Cossigny, ingénieur en chef de Besançon). *A Genève, chez Fabri et Barillot*, 1744. — Esope à la Cour, comédie

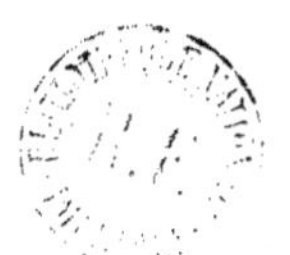

héroïque par feu M. Boursault. *A Paris, chez Pierre Ribou*, 1706. — Les Fables d'Esope, comédie. *A Paris, chez Nicolas Le Breton*, 1724. — Dissertation physique à propos du Nègre blanc, par Maupertuis. *A Leyde*, 1744. — Anecdotes physiques et morales, par Maupertuis, *s. l. n. d.*; in-12, veau brun, dos à nerfs sobrement orné avec pièce de titre rouge, tr. r. (*Rel. anc.*)

Réunion de rares ouvrages. Celui de Cossigny, correspondant de l'Académie des sciences donne des renseignements intéressants sur Pondichéry.
Les « Anecdotes physiques et morales » de Maupertuis sont très rares et ne se trouvent pas dans ses œuvres complètes ».

146. COSSIGNY (C.). Voyage à Canton, capitale de la province de ce nom, à la Chine, par Gorée, le Cap de Bonne-Espérance et les Isles de France et de la Réunion, suivi d'observations sur le voyage à la Chine de lord Macartney et du citoyen Van-Braam et d'une esquisse des arts des Indiens et des Chinois. Par le C. Charpentier Cossigny. *A Paris, chez André* (an VII), 1799; in-8, bas. marb., dos orné avec pièce de titre rouge. (*Rel. anc.*)

Cette curieuse relation contient des détails sur le thé.
J. F. Charpentier de Cossigny de Palma, naquit à Palma en 1730 et mourut à Paris en 1809. Il est célèbre pour ses travaux botaniques.
Collation : 4 ff. liminaires et 606 pp.

147. COSSIGNY (Jean-François Charpentier de). Lettre à Monsieur Sonnerat, 1784. *A l'Ile-de-France, de l'imprimerie Royale*, 1784; in-4, br. couv. muette.

Controverses du savant ingénieur avec le grand voyageur sur l'établissement d'un port dans l'Ile de France.
Collation : 1 f. liminaire, 112 pp. et 7 ff. (le dernier un peu déchiré).

148. COSSIGNY (Jean-François Charpentier de). Plaquette in-4 de 21 pp. sur les travaux entrepris à l'Ile-de-France. *S. l. n. d.*, br. couv. muette.

149. COURTELLEMONT ET VANDELET. L'Indochine. *Paris, Firmin-Didot*, *s. d.*; in-4, broché (dos enlevé).

Nombreuses et belles reproductions.
Envoi autographe de l'auteur à *Stéphane Lausanne*.

150. COURTOIS (Dr Ed.). Le Tonkin français contemporain. Études, observations, impressions et souvenirs. *Paris*, 1891; gr. in-8 br., XI-399 pp., *carte*.

151. COYER (Abbé). Chinki, histoire cochinchinoise, qui peut servir à d'autres pays... *A Londres*, 96 pp. ch. — Naru, fils de Chinki, histoire cochinchichinoise qui peut servir à d'autres pays et de suite à celle de Chinki, son père. *A Londres*, 1776; VIII et 95 pp. — Ens. 2 part. en un vol. in-8, bas. marb., dos plat orné de fleur. dor., tr. rouges. (*Rel. anc.*)

Ouvrage attribué à Voltaire.

152. COYSSARD (Michel). Lettres annales du Japon, des années 1613 et 1614, où plusieurs choses de très grande édification sont fidèlement racontées, avec les Martyres admirables, arrivez durant la persécution du Roy Cubo, idolâtre... Avec quelques autres advis des Indes et de la Chine de l'an 1616. *Lyon, Jean Lautret*, 1619; in-16 de 486 pp. et 18 ff. n. ch., cart. pap. marb., tr. rouges,

153. CRAWFURD (John). Journal of an Embassy from the governor-general of India to the courts of Siam and Cochin China; exhibiting a view of the actual state of those Kingdoms. *London, Henry Colburn*, 1828; in-4, demi-chag. grenat à coins, dos à nerfs orné, tr. marb. (*Rel. mod.*)

Excellente relation d'un voyage documentaire, treize planches hors texte dont trois à l'aquatinte par Colburn.
Collation : VIII pp., 598 ff. et un tableau, plus les planches.

154. CRAWFURD (John). Journal of an Embassy from the Governor-general of India to the courts of Siam and Cochin China; exhibiting a view of the actual state of those Kingdoms. *London, Henry Colburn and Richard Bentley*, 1830; 2 vol. in-8, veau clair, dos à nerfs ornés avec pièces de titre olive, encadrement de fil. à froid et feuillages sur les plats, tr. jasp. (*Rel. romant. anglaise*).

Ouvrage orné d'un frontispice plié à l'aqua-tinte donnant une vue de Singapour, d'une grande carte in-folio pliée et gravée donnant les détails de la Cochinchine et de vingt et une planches hors texte.
Jolie reliure anglaise du XIXe siècle.
Collation : 4 ff. liminaires, 475 pp. et 11 planches (plus le frontispice et la carte); 5 ff, lim., 459 pp. et 10 planches.

155. CULIN (St.). Korean games with notes on the corresponding games of China and Japan. *Philadelphia*, 1895; in-8, cart. toile blanche décorée de l'éditeur, tête dor.

Très bel ouvrage d'une exécution artistique. Resté presque inconnu en Europe, il est maintenant épuisé et peu commun.
Vingt-deux planches coloriées et cent trente-cinq illustrations dans le texte.

156. DA CRUZ (R. P. Fr. Gaspar). Tractado em que se cotam muito per esteso as cousas da China, cõ suas particularidades, r assi do reyno dormuz cõposto por el R. Padre frey Gaspar da Cruz da ordẽ de sam Domingos. Dirĩgido ao muito pederoso Rey dom Sebastiam nosso señor,..., *Impresso com licença*, 1569. [A la fin]. *Fey impresso este tratado da China, na muy nobre r sempre leal cidade de Euora em casa de Andre de Burgos impressor r cavalleiro da casa do Cardeal Iffante. Acabou se aos. XX. dias de Fevereiro de mil quinhentos r setenta* [1570]. In-8, mar. rouge, encadr. de fil. et fleur. d'angles dor., dos à nerfs orné de fleur. dor., dent. int. dor., tr. dor. (*Rel. mod.*)

Précieuse édition originale, rarissime, imprimée en lettres gothiques; le titre est orné d'un encadrement gravé sur bois et des armes de Bragance. Capitales ornées gravées sur bois.
Très bel exemplaire, en parfait état, dans un joli maroquin. De la collection Huth.

157. DAMPIER (Guillaume). Nouveau voyage autour du Monde où l'on descrit en particulier l'Isthme de l'Amérique, plusieurs Côtes et Isles des Indes Occidentales, les Isles du Cap Verd, le passage par la Terre del Fuego, les Côtes Méridionales du Chili, du Pérou et du Mexique; l'Isle de Guam, Mindanao et des autres Philippines; les Isles Orientales qui sont près de Cambodie, de la Chine, Formosa, Luçon, Celebes, etc., la Nouvelle Hollande, les Isles de Sumatra, de Nicobar, de Sainte-Helene et le Cap de Bonne-Esperance. *A Rouen, chez Robert Machuel le Jeune*, 1715; 5 vol. in-12, veau clair, dos à nerfs ornés avec pièce de titre rouge, tr. r. (*Rel. anc.*)

Trois frontispices gravés par Scotin le Jeune et 63 planches pliées et à pleine page gravées, donnant les parties du monde et en particulier l'Amérique et d'importantes régions de cette contrée; la faune et la flore des régions parcourues; les coutumes de leurs habitants.

Au tome III : « Voyage de M. Wofer, où l'on trouve la description de l'Isthme de l'Amérique. »

Au tome V : « Voyage du capitaine Wood à travers le détroit de Magellan. » « Journal de l'expédition du capitaine Sharp. » « Voyage autour du Monde du capitaine Cowley ». « Voyage du Levant de M. Robert. »

Ensemble complet.

Trous de vers au dos de deux volumes.

158. DELAPORTE (L.). Voyage au Cambodge. L'architecture Khmer. *Paris*, 1880, gr. in-8, 462 pp., avec 175 *gravures et carte, dont* 125 *dessins originaux et* 50 *reproductions de photographies*; demi-veau rouge, tr. mouch.

159. DESLANDES (François-Boureau). Histoire de M. Constance, premier ministre du Roi de Siam. *Amsterdam, Duchesne*, 1756. In-16, demi-bas. marb. avec pièce de titre grenat, tête r. (*Rel. mod.*)

Rare.

160. DICTIONNAIRE UNIVERSEL, par M. Th. Corneille, universel, géographique et historique. *Chez J.-B. Coignard*, 1708, 3 forts vol. in-fol., plein veau de l'époque, quelques éraflures aux plats.

Avec un beau portrait. — « Contenant la description des royaumes, empires, etc..., la religion, les mœurs, les coutumes, le commerce; les cérémonies particulières des peuples, etc., etc. »

161. DICTIONNAIRE DE TRÉVOUX. Dictionnaire universel français et latin, contenant la signification et la définition tant des mots de l'une et de l'autre langue, avec leurs différents usages, que des termes propres de chaque état et de chaque Profession.... Nouvelle édition corrigée et considérablement augmentée. *Paris, par la Compagnie des Libraires*, 1752; 7 vol. plus le *Supplément* en 1 vol., ens. 8 vol. in-folio, veau marb., dos ornés de dent. et fleur. dor., tr. rouges. (*Rel. anc.*)

Bel exemplaire, de ce dictionnaire estimé.

162. DICTIONNAIRE HISTORIQUE ou Biographie universelle des hommes qui se sont fait un nom... depuis le commencement du monde jusqu'à nos jours... par F. X. de Feller. *Paris*, 1837; 4 vol. — Biographie universelle.... *Paris, Furne*, 1830; 6 vol. — Ens. 10 vol. in-4, brochés.

163. DICTIONNARIUM anamitico-latinum, primitus inciptum ab illustrissimo et reverendissimo P.-J. Pigneaux, episcopo adranensi, vicario apostolico cocincinae, etc. Dein absolutum et editum A. J. L. Taberd episcopo isauropolitano, vicario apostolico cocincinæ, cambodiae et ciampæ, asiaticæ Societatis parisiensis, nec non Bengalensis socio honorario. Fredericnagari vulgo Serampore, *ex typis J.-C. Marshman*, 1838; 2 vol. in-4, demi-chag. grenat, dos à nerfs jans., tr. jasp. (*Rel. mod.*)

Le second volume est un dictionnaire latin-annamite qui complète le premier.

Rare et recherché.

Collation : 4 ff. liminaires, XLVI pp., 722 pp., 1 f., et 128 pp. — 2 ff. liminaires, LXXXVIII pp., 708 pp., 2 ff., VIII pp. 135 pp. et 1 carte.

164. DIDEROT, D'HOLBACH et RAYNAL. Histoire philosophique et politique des Etablissements et du commeree des Européens dans les deux

Indes. *Genève, Pellet*, 1781; 10 vol. in-8, veau marb., dos à nerfs ornés, tr. marb. (*Rel. anc.*)

Diderot collabora pour une grande part à cette Histoire qui contient des chapitres intéressants sur la géographie physique de l'*Inde*, sur les productions du pays et sur les habitants.

Le tome IX est consacré au récit de la fondation de la *Pensylvanie* par les quakers et contient en outre de longues et intéressantes descriptions de l'Amérique du Nord, de ses productions, du commerce que l'on y fait et des populations. Le tome VII est consacré à la *Guyane*, à *Sainte-Lucie*, à la *Martinique*, la *Guadeloupe*, etc.

L'ouvrage est orné du portrait de Raynal et de neuf charmantes figures hors texte, gravées en taille-douce d'après *Moreau le Jeune*.

Bon exemplaire.

165. DILLON (Peter). Voyage aux Iles de la Mer du Sud en 1827 et 1828 et relation de la decouverte du fort de La Perouse. *A Paris, chez Pillet aîné*, 1830; 2 vol. in-8, demi-chag. mar. (*Cart. romant.*)

Cet ouvrage des plus intéressants et qui contient, outre une carte et une planche gravées, deux lithographies d'Engelmann, donne de nombreuses anecdotes curieuses ou terribles tirées des aventures de l'auteur et des mœurs des habitants des pays parcourus. Le livre est dédié à Charles X.

Quelques rousseurs.

166. DOCUMENTS MONÉTAIRES COLONIAUX (Ancien Régime). Réunion de nombreuses pièces imprimées (début du XVIIIe siècle) dont beaucoup concernent l'Amérique.

167. DONNET (Gaston). En Indo-Chine, Cochinchine, Cambodge, Annam, Tonkin. Ouvrage illustré de nombreuses gravures. *Paris, Société française d'Editions d'Art*, s. d., in-4, broché.

Belles reproductions. Envoi autographe de l'auteur.

168. DORTOUS DE MAIRAN. Lettres au R. P. Parrenin, jésuite missionnaire à Pékin; contenant diverses questions sur la Chine. Nouvelle édition, revue, corrigée et augmentée de divers opuscules sur diverses matières par M. Dortous de MAIRAN. *A Paris, de l'Imprimerie Royale*, 1770; in-8, veau marb., dos à nerfs orné avec pièce de titre rouge, tr. jasp. (*Rel. anc.*)

Curieux traité sur la Chine, les Chinois, leur caractère, leur écriture, etc.
Rousseurs. Réparation au titre.
Collation : 7 ff., 368 pp. et 1 f. (errata).

169. DOUMER (Paul). L'Indo-Chine française. (Souvenirs). *Paris, Vuibert et Nony*, 1905; in-4, br., couv. illust.

Important ouvrage orné du portrait de l'auteur en frontispice et d'un grand nombre d'illustrations.

170. DUHALDE (Père Jean-Baptiste). Description géographique, historique, chronologique, politique et physique de l'Empire de la Chine et de la Tartarie chinoise. *A Paris, chez P.-G. Le Mercier*, 1735; 4 vol. in-fol., veau marb., dos à nerfs ornés avec pièces de titre rouges, tr. r. (*Rel. anc.*)

Édition originale de cet ouvrage très estimé, le premier qui ait éclairé d'un jour vrai les idées qu'on avait sur la Chine. Il a influencé la période où la mode fut d'inspiration chinoise au XVIIIe siècle.

Il est orné de 65 planches et cartes gravées.

171. DUMONTIER (G.). Les Pagodes de Hanoï, étude d'archéologie et d'épigraphie annamites. *Hanoï, Schneider*, 1887; in-8 brad., demi-toile grenat, n. rog.

172. DUMONTIER (G.). Etudes d'ethnographie religieuse annamite. *S. l. n. d.* (vers 1900); gr. in-8, broché, couv. muet. pap. jaune.

Extrait d'un ouvrage sur l'Extrême-Orient. Curieuses figures.

173. DUMONTIER (Gustave). Le Rituel funéraire des Annamites. Etude d'Ethnographie religieuse. *Hanoï, Schneider*, 1904; in-4, br.

Ouvrage abondamment illustré de planches hors texte et de figures dans le texte.

174. DUPLEIX (Joseph). *Deux signatures autographes* au bas de deux lettres in-folio, datées de Pondichéry, 1753 et de Pondichéry, 1744.

175. DUPLEIX, notes biographiques et historiques par Mgr Dehaisnes. *Lille, Quarré*, 1888. In-4, demi-mar. grenat à coins, dos à nerfs jans., tête dor.

Exemplaire avec un envoi autographe et signé de l'auteur, quelques pièces autographes de l'abbé Dehaisnes et de nombreux documents émanant de la municipalité de Landrecies sur l'érection de la statue de Dupleix. En frontispice, reproduction de cette statue et au milieu du volume, fac-similé de l'écriture de Dupleix.

176. EAUX-FORTES. Douze très belles eaux-fortes, portant la signature autographe de Duong, datées de Saïgon, 1923; tirées sur papier de Chine ou Japon.

177. ECOLES DES COLONIES. Distribution des prix, à l'Institution Nationale des colonies. *Paris, Imprimerie de la République, an X* (1801-1802); in-12 de 38 pp., cart. brad. pap. gris. (*Rel. mod.*)

178. EPINAY (Adrien d'). Renseignements pour servir à l'histoire de l'Ile-de-France jusqu'à l'année 1810, inclusivement... précédés de notes sur la découverte de l'île, sur l'occupation hollandaise, etc.... *Ile Maurice, Dupuy*, 1890; in-8, demi-chag. bleu, tr. mouch., couv. cons.

179. ETAT des Presens que le Roy de Siam et la princesse Reyne de Siam et Mr. de Constance ont fait au Roy de France, à Monseigneur le Dauphin, Madame la Dauphine, et à Monseigneur le Duc de Bourgogne, Monsieur le Marquis de Seinelay, qui sont d'un prix inestimable. *Toulouse, Colomiez* (1686); petit in-4, demi-bas. marb., pièce de titre grenat au dos. (*Rel. mod.*)

Liste de présents d'un travail oriental dont l'apparition dut fort étonner les contemporains de Louis XIV.

Ce fut sur l'instigation de Constance Phaulkon que le roi de Siam s'était décidé à envoyer une ambassade au roi de France.

Collation : 12 pp. chiffrées.

180. ETAT DE LA MARINE Année 1787. — ALMANACH des COLONIES. Année bissextile 1788. — ETAT DE LA MARINE. Année 1789. *Paris*; ens. 3 vol. in-18, veau mouch., dos ornés. (*Rel. anc.*)

Rare. Curieux almanachs de l'année de la Révolution et des deux années précédentes.

(Reliures un peu usagées).

181. ETAT GENERAL de la marine et des colonies pour l'année 1821. *A Paris, de l'imprimerie royale*, 1821; in-8, veau clair, double fil. dor. sur les plats et encadrement à froid, dos orné avec pièce de titre rouge, dent. int., tr. marb. (*Rel. romant.*)

Coins et coiffes un peu endommagés.

182. ETAT GENERAL de la marine et des colonies pour l'année 1826. *A Paris, de l'imprimerie royale*, 1826; in-8, veau clair, encadrements de fil. et de guirlande dor. avec motif décoratif central sur les plats, dent. intér., dos orné avec pièce de titre rouge, tr. dor. (*Rel. romant.*).

183. ETRENNES religieuses. *S. l.*, 1801-1804; 12 vol. in-12, bas. marb., dos à nerfs ornés avec pièces de titres et de tomaisons noires, tr. jasp. (*Rel. anc.*)

Trois frontispices gravés dont le portrait de Pie VII.
Ces volumes contiennent des exposés sur l'état des Missions en Extrême-Orient.

184. ÉTUDES INDO-CHINOISES. Bulletin de la Société des études indochinoises de Saïgon. Années 1900 à 1923. *Saïgon*. Ens. 11 vol. in-8, demi-chag. brun, tr. mouch.

185. EXCURSIONS ET RECONNAISSANCES. Cochinchine Française. *Saïgon, Imprimerie Coloniale*, 1879-1889; 15 t. en 13 vol. in 8, demi-chag. bleu, dos à nerfs ornés, couv. cons.

Exemplaire très frais.

186. EXTRÊME-ORIENT. The memorable Year : of the War in-China : the mutiny in India; the opening-up of the ressources of Siam; the projected movement upon Cochin-China, etc... *Macao*, 1858; pet. in-4, demi-mar. bleu à coins, dos à nerfs orné, tr. jasp.

Impression sur beau papier d'importants documents sur les événements orientaux du XIXe siècle.

187. EXTRÊME-ORIENT. The Gage of the two civilisations : shall christendom Wower? Being an inquiry into the causes of the ruptur of the English and French theatres of Tien-Tsin : and comprising a general Review of our relations with China : with notice of Japan, Siam and Cochin-china. *At Macao*, 1860; petit in-4, demi-mar. bleu à coins, dos orné, tr. jasp.

Importants documents. Impression sur papier vergé.

DEUXIÈME VACATION

A la fin de chaque vacation seront vendus de nombreux livres en lots.

188. FAN-I-MING-I-TCHING-NGO. Pièce annamite. *S. l. n. d.* (1850?) Grand in-8, demi-mar. vert, dos à nerfs orné. (*Rel. de l'époque.*)

Recueil de 155 pp. imprimé sur papier du Japon en caractères annamites.

189. [FARGES (Capitaine des)]. Relation des Révolutions arrivées à Siam dans l'Année 1688. *A Amsterdam, chez Pierre Brunel*, 1691; in-18, demi-bas. marb., pièce de titre grenat au dos, tête r. (*Rel. mod.*)

Bon document pour l'histoire des révoltes qui suivirent en Siam le massacre de la famille de Constance Phaulkon.
Collation : 3 ff. n. c. et 57 pp.

190. FAVRE, *prêtre suisse*. Lettres édifiantes et curieuses sur la visite apostolique de Monseigneur de la Baume à la Cochinchine en l'année 1740, pour servir de continuation aux mémoires du P. Norbert, capucin. *Venise, Barzotti*, 1746; in-4, veau. (*Rel. anc.*)

Très rare. Petite découpure au bas du titre. VIII et 379 pp. Trous de vers à la reliure.

191. FAVRE (P. Fr.). Lettres édifiantes et curieuses sur la vérité apostolique de M. de La Baume, evesque d'Halicarnasse à la Cochinchine en l'Année 1740. Premier memoire apologetique pour Messire Pierre-François Favre appellant des sentences de M. l'Evêque de Lausanne pour servir de suite aux Lettres Edifiantes et curieuses. *A Venise, chez les frères Barzotti et à Avignon*, 1753; 3 t. en 1 fort vol. in-12, veau clair, dos orné avec pièce de titre rouge, tr. jasp. (*Rel. anc.*)

Ce recueil contient une lettre du P. Norbert, Capucin, missionnaire de Pondichéry et de l'Amérique qui fut l'ennemi des Jésuites.
Nombreux détails sur les missions Cochinchinoises.

192. FINLAYSON (George). TheMission to Siam, and Hue the capital of Cochin China, in the Years 1821-22. From the journal of the late George Finlayson with a Memoir of the author. *London, John Murray*, 1826; in-8, demi-veau clair, dos à nerfs orné avec pièce de titre grenat. (*Rel. romant.*)

Collation : frontispice gravé, 15 ff. liminaires et 427 pp.

193. [FLEURIAU (P. Th. Ch.)]. Estat des Missions de Grèce présenté à Nos Seigneurs les Archevesques, Evesques, et deputez du Clergé de France, en l'année 1695. *Paris, Lambin et Besnard*, 1695; in-12, veau brun, dos à nerfs orné, tr. jasp. (*Rel. anc.*)

Première édition de ce mémoire d'un savant jésuite.
Belle impression. Bon état.
Collation : 1 f. pour le titre, 299 pp. et 4 ff. n. c.

194. [FONTENAY (Abbé Louis Abel)]. Du Rétablissement des Jésuites et de l'éducation publique. *A Emmerock, chez J. Lamber, Rouen*, 1800; in-8, br.

Collation : 267 pp.

195. FORBIN (Comte de). Mémoires du Comte de Forbin.... *Amsterdam, Fr. Girardi*, 1729; 2 vol. in-12, veau brun, dos à nerfs ornés, tr. mouch. (*Rel. anc.*)

En frontispice, portrait du Comte de Forbin, en tenue d'amiral de Siam.
Tome I : front., 1 f. de titre, 383 pp.
Tome II : 1 f. de titre, 344 pp. ch.
Rédigés sur les notes même de Forbin par Reboulet et le P. Lecomte, ces mémoires racontent la vie aventureuse et glorieuse de ce marin qui fit les campagnes d'Amérique et d'Alger, fut amiral et généralissime du Siam, et prit part à toutes les guerres maritimes du règne de Louis XIV.
Légères rousseurs et trous de vers.

196. FORBIN. Mémoires.... *A Amsterdam, chez Fr. Girardi*, 1730, 2 vol. in-12, veau brun, dos ornés. (*Rel. anc.*)

Même collation sans frontispice.
Bel exemplaire.

197. FORBIN (Comte de). Mémoires. Nouvelle édition revüe et corrigée par l'auteur. *Amsterdam, Girardi*, 1739, 2 vol. in-12, rel. basane, dos ornés. (*Rel. anc.*)

Même collation sans frontispice.

198. FORBIN (Comte de). Mémoires.... *Amsterdam, Fr. Girardi*, 1740; 2 vol. in-12, veau, dos ornés, tr. mouch. (*Rel. anc.*)

Portrait frontispice. Même collation. Bel exemplaire.

199. FORBIN. Mémoires. *Amsterdam*, 1748, 2 vol. in-12, veau. (*Rel. anc.*)

Portrait-frontispice. Même collation.

200. FOURNEREAU et PARCHER. Les Ruines d'Angkor. Étude artistique et historique sur les monuments Khmers du Cambodge Siamois. *Paris, Ernest Leroux*, 1890; in-fol., feuilles volantes dans un cartonnage d'édit.

Etude ornée de très nombreuses et superbes planches de reproductions.

201. GABB (W. M.). On the topography and geology of Santo-Domingo. *Philadelphie*, 1873; in-4, demi-chag. rouge, tête dor. couv. cons.

Extrait de *Transactions of the American Philosophical Society*. Ce recueil contient encore : *Topography of the Punjab Oil Region*, par B. Lyman. — *Notes on the Geology of West Virginia*, par J. Stevenson. — *The Staley's Creek and Nick's Creek Iron Ore Region*, par B. Lyman.
Chacune de ces études est ornée d'une grande carte.

202. GAIDOZ et SÉBILLOT. Bibliographie des Traditions et de la littérature populaire des Frances d'Outre-Mer. *Paris*, 1886, in-8, cart. brad. demi-toile verte.

203. GALABERT (A). Lettre autographe signée de A. Galabert, missionnaire apostolique, à l'abbé de Soubiran, chanoine à Castelnaudary; Carnikobar, 18 mars 1836, 7 p. in-4.

Curieuse description des mœurs des habitants de Carnikobar. « C'est un peuple sans religion, sans lois, sans chefs ni dieux, mais vivant dans la paix, la concorde, ignorant la colère et la vengeance, le mensonge et le vol. Les habitants y vivent sans crainte et sans chagrin avec une grande simplicité de mœurs. Mais le peuple ignore Dieu et ne possède dans sa langue aucun mot pour en exprimer l'idée. » Curieux détails sur les préjugés des habitants à l'égard des missionnaires.

204. GARNIER (Francis), marin et voyageur, massacré à Hanoï, en 1873. *Pièce autographe* de 1 page in-8.

Proclamation autographe *aux mandarins et à la population des provinces du Tong-King*. Portraits, divers documents joints.

205. GARNIER (Francis). — L'avenir de la France au Tonkin, par un ancien compagnon de Francis Garnier. *Paris, Challamel*, 1885; in-8, broché.

Edition originale.
Dos de la couverture abîmé.

206. GARNIER (Francis). Voyage d'exploration en Indo-Chine effectué pendant les années 1866, 1867 et 1868 par une commission française présidée par M. le capitaine de frégate Doudart de Lagrée. *Paris, Hachette*, 1872; 2 vol. in-fol., demi-chag. bleu à coins, dos à nerfs ornés, têt. dor.

Ouvrage orné de très nombreuses illustrations gravées. On a joint une lettre autographe du père Claval et une carte manuscrite de l'Abbé Launay.
Quelques rousseurs.

207. GARNIER (Fr.). Voyage d'exploration en Indo-Chine. *Hachette*, 1885; gr. in-8, demi-veau ocre, tr. mouch.

Orné de 211 gravures sur bois d'après les croquis de M. Delaporte, et de 2 cartes.

208. GAZETTE DE FRANCE. Recueil des nouvelles ordinaires et extraordinaires, relations et récits des choses avenues tant en ce royaume qu'ailleurs, pendant l'année mil six cens quatre-vingt six. *A Paris du Bureau d'Adresse*, 1687; in-4, veau brun, dos à nerfs orné, tr. jasp.

Année complète de la « Gazette », le premier journal qui ait paru en France. Très rare.
On y trouve la description de la réception de l'ambassade de Siam au Roi de France avec une planche de Leclerc, ajoutée, illustrant cette relation.
Nombreuses vues de villes et cartes ajoutées.

209. GEMELLI-CARERI (John-Francis). A Voyage round the World. — Christophe BORRI. An Account of Cochin-China. *London, Awnshamand John Churchill*, 1704; in-fol., demi bas. marb., dos à nerfs avec pièces de titre grenat, tr. jasp. (*Rel. mod.*)

Tome IV de « A Collection of Voyages and Travels ».
Nombreuses planches gravées hors texte.
La seconde partie s'étend de la p. 787 à la p. 838 incluse.

210. GEMELLI-CARERI (J.-F.). Voyage du Tour du Monde, traduit de l'italien par L. M. N. Enrichi d'un grand nombre de figures. *A Paris, chez Etienne Ganeau*, 1719; 6 vol. in-12, veau brun, dos à nerfs ornés avec pièces de titre rouge, tr. jasp., armes sur le plat recto. (*Rel. anc.*)

Nombreuses planches hors texte sur la faune, la flore et les coutumes des pays parcourus.
Au tome III, le chapitre XI est intitulé : « Remarques sur le Tonquin et la Cochinchine ».

211. GEMELLI-CARERI (J.-F.). Voyage du Tour du Monde, traduit de l'italien par M. L. N. (Le Noble ou Dubois de St-Gelais). *A Paris, chez Etienne Ganeau*, 1727; 6 vol. in-12, veau marb., dos à nerfs ornés avec pièces de titre rouges, tr. r. ((*Rel. anc.*)

Seconde édition de la traduction française de ce célèbre ouvrage. L'auteur y relate les cérémonies bizarres auxquelles il a assisté en Chine.
En frontispice, portrait de l'auteur gravé non signé. Nombreuses planches hors texte.

212. GENTIL DE LA BARBINAIS (L.). Nouveau Voyage autour du Monde, enrichi de plusieurs plans, vues et perspectives des principales villes et ports du Pérou, Chily, Brésil et de la Chine, avec une description de l'Empire de la Chine... où il est traité des mœurs, religion, politique, éducation et commerce des peuples de cet Empire.... Et deux Mémoires sur les Royaumes de la Cochinchine, de Tonquin et de Siam. *Paris, Briasson*, 1728; 3 tomes en 2 vol. in-12, bas. marb., dos à nerfs ornés de fleur. dor., tr. rouges. (*Rel. anc.*)

Frontispice, dix plans ou cartes repliées, et huit jolies et très curieuses figures en taille-douce représentant des scènes de mœurs.
Première édition augmentée des *Mémoires sur les Royaumes de la Cochinchine, du Tonquin et du Siam*. Cette relation contient de très curieux détails sur les coutumes et les cérémonies nuptiales de ces divers pays.
Petit trou dans le feuillet 3-4 du tome II.
Légères mouillures.
1re *partie* : front., 2 ff. prel., 451 pp., 1 p. d'errata ; 2 ff. de privilège.
2e *partie* : 1 f. de titre, 313 pp.
3e *partie* : 1 f. de titre, 326 pp. et 14 ff. de Tables.

213. GENTIL (M.). Mémoires sur l'Indoustan, ou empire mogol. *Paris, Petit*, 1822; in-8, demi-bas., tr. jaunes.

Portrait de l'auteur, trois curieuses gravures hors texte en taille-douce et une grande carte repliée.

214. GÉOGRAPHIE (La). Bulletin de la Société de Géographie. *Paris, Masson*; années 1900 à 1913 reliées en 27 vol. in-4, demi-chag. bleu, et années 1915 à 1926 en fascicules brochés.

Nombreuses cartes et figures.

215. GERVAISE (N.). Histoire naturelle et politique du royaume de Siam, divisée en quatre parties, la première contenant la siutation, et la nature du pays, la seconde, les mœurs des habitans, *leurs loix et leurs coutumes*, la troisième leur religion, la quatrième, ce qui concerne le roy qui règne à présent, et ce qu'il y a de plus particulier dans la cour de ce royaume. *Paris, Barbin*, 1688; in-4, bas. brune, dos à nerfs, orné, tr. mouch. (*Rel. de l'époque.*)

Édition originale, ornée de cinq vignettes non signées (non cité par Brunet). Cordier ne parle pas de ces figures. 8 ff. n. ch., 324 pp. et 4 ff. de table et d'errata. On a ajouté une très grande carte repliée du Royaume du Siam. Manque la planche de musique p. 130.

Exemplaire grand de marges. Dos restauré.

216. GERVAISE (Nicolas). Histoire naturelle et politique du royaume de Siam. *Paris, Ducastin*, 1689; in-4, veau brun, milieux armoriés, dos à nerfs, orné, tr. mouch. (*Rel. de l'époque.*)

Cinq vignettes gravées, non signées, placées en tête de chaque partie. Manque la planche de musique, p. 130.

Exemplaire *aux armes* d'un comte, membre de la famille forézienne Vedel.

Fortes rousseurs sur le titre.

217. (GERVAISE (Nicolas)). Histoire naturelle et politique du royaume de Siam. *Paris, Lucas*, 1690; in-4, veau brun, dos à nerfs, orné, tr. mouch. (*Rel. de l'époque.*)

Belle édition, ornée de cinq vignettes gravées, non signées. Manque la pl. de musique, p. 130. — 8 ff., 324 pp., et 4 ff. de table. Titre remonté.

Exemplaire contenant, à la fin de l'ouvrage, les pp. 3-4 et 319-320 corrigées.

A la coiffe inférieure, bordure de fleurons représentant un dauphin surmonté de la couronne royale, emblème du grand Dauphin, fils de Louis XIV.

Dos légèrement restauré dans le bas.

218. GIAO (Duong van). L'Indochine pendant la guerre de 1914-1918. Contribution à l'étude de la colonisation indochinoise. *Paris, Budry*, 1925; in-8, cart. pap. marb., couv. cons.

Édition originale.

219. GONZALEZ DE MENDOÇA. Historia de las cosas mas notables, ritos, y costumbres del gran reyno de la China.... *Impressa en Valencia, Pedro de Huete*, 1585; pet. in-8, vélin blanc. (*Rel. anc.*)

Ouvrage tiré du chinois, et dans lequel parurent pour la première fois, en Europe, les caractères de cette langue. (Brunet.)

Édition de Valence parue la même année que l'originale de Rome, 1585.

16 ff. prel., 526 pp. ch.

Mouillures.

220. GONZALEZ DE MENDOÇA. Dell' Historia della China descritta dal P. M. Gio Gonzalez di Mendorza dell' Ord. di S. Agost., nella lingua Spagnuola. Et tradotta nell' Italiana dal Magn. M. Francesco Avanso. Parti due, etc. *In Roma, appresso Bartolomeo Grassi*, 1586; pet. in-4, veau brun, double encadrement de fil. dor. sur les plats, dos à nerfs orné avec pièce de titre grenat. (*Rel. du XVIe siècle restaurée.*)

Première édition italienne de ce rare et célèbre ouvrage. Belle impression du XVIe siècle avec de nombreux fleurons et lettres ornées gravés sur bois.

Reliure du XVIe siècle restaurée (dos et coins modernes).

Collation : 24 pp. liminaires, et 370 pp.

221. GONZALÈS DE SAINT-PIERRE (Fr.). Relation abrégée de la nouvelle persécution de la Chine, tirée de la relation composée à Macao par les Missionnaires de l'ordre de Saint-Dominique, qui ont été chassés de cette mission. Traduite de l'italien. S. *l. n. d.*; 378 pp. et 4 ff. de Tables. — Extraits des Relations et des Lettres venües de la Chine et de Macao à Rome, au mois de septembre 1711, 48 pp. ch., 2 ff. d'Errata, 2 ff. d'Avis. — Bref de Nostre S. Père le Pape Clément XI, aux religieux de l'Ordre des FF. Prêcheurs de la Province du S. Rosaire aux Isles Philippines. 5 pp. ch. — Lettre du... Père de Sainte-Croix, adressée au P. Général des Dominicains, où on voit une autre persécution, que les Jésuites suscitent contre les Missionnaires Dominicains de ce roiaume. 13 pp. ch. — Ens. 1 vol. pet. in-12, veau fauve, encadr. de fil. dor., dos à nerfs orné de fleur. dor., tr. rouges. (*Rel. anc.*)

222. [GOUJET (Claude-Pierre)]. Supplément aux réflexions d'un Portugais sur le Mémorial présenté par le P. Général des Jésuites, à notre Saint-Père le Pape Clément XIII ou réponse de l'ami de Rome à son ami de Lisbonne. *A Gênes*, 1759; in-12, veau marb., dos à nerfs orné avec pièce de titre claire, tr. r. (*Rel. anc.*)

Édition originale. Rare ouvrage de l'Abbé Goujet dirigé contre les Jésuites.
Collation : 347 pp.

223. [GOULART (Simon)]. Histoire de Portugal, contenant les entreprises, navigations, et gestes mémorables des Portugallois, tant en la cōqueste des Indes Orientales, par eux descouvertes, qu'ès guerres d'Afrique et autres exploits, depuis l'an quatre cens nonãte six, jusques à l'an mil cinq cens septante huit, sous Emmanuel premier, Jean troisième et Sebastian premier du nom. Comprinse en vingt livres, dont les douze premiers sont traduits du latin de Jerosme Osorius, les huit suivans prins de Lopez de Castagnède et d'autres historiens. Nouvellement mise en françois par S. G. S. (Simon Goulard senlisien). *Paris, François-Etienne pour Antoine Chuppin*, 1581; in-fol., bas. mouch., dos à nerfs orné avec pièce de titre rouge, tr. jasp. (*Rel. anc.*)

Excellent ouvrage réuni et publié par Goulart, l'un des meilleurs prosateurs français de la fin du XVIe siècle.
Au cours du livre il est plusieurs fois question de la Cochinchine et du royaume de Siam.
Collation : 6 ff. liminaires, 762 pp. et 10 ff.

224. GOUYE (R. P. Thomas). Observations physiques et mathématiques pour servir à l'histoire naturelle et à la perfection de l'Astronomie, et de la Géographie. *A Paris, de l'Imprimerie Royale*, 1692; in-4, veau marb., armes sur les plats, dos à nerfs orné de fleurs de lys, de couronnes et du chiffre de Louis XV, tr. jasp. (*Rel. du XVIIIe siècle.*)

Édition originale du traité d'un savant jésuite. Bel exemplaire à grandes marges dans une fraîche reliure aux armes de Louis XV.
Collation : 1 f., 114 pp., 1 f. plus un supplément de 20 pp.

225. GRAVIER (Gabriel). Les Normands sur la route des Indes, discours de réception à l'Académie des Sciences, Belles-Lettres et Arts de Rouen, lu le 30 avril 1880 par Gabriel Gravier. — Le globe Lenox de 1511, traduit de l'anglais par Gabriel Gravier, carte repliée, *Rouen. Cagniard*, 1880; ens. 2 vol. in-8, brochés.

226. GRAVURES, AUTOGRAPHES, etc... Réunion de dossiers relatifs aux Indes Orientales, au Tonkin, Siam, Cochinchine, etc... Portraits de Forbin, Tavernier, La Bourdonnais, de Lauriston, nombreuses gravures coloriées, signatures autographes de *de Brisacier*, *Le Gobien et du Halde*, *Ch. Magon*, *Poivre*, *abbé Raynal*, *abbé de Rocheron*, *Sonnerat*, etc....

227. GRAVURES COLORIÉES. Seize très jolies gravures d'après Biasioli, Rampoldi, etc., finement coloriées à l'époque romantique, représentant des costumes, processions et cortèges, soldats et mandarins du Tonkin et de la Cochinchine.

228. GRAVURES du XVIIIe SIÈCLE. Réunion de huit gravures en taille-douce relatives à l'ambassade persane de 1715. Format in-folio.

229. GRÈCE. BOSPHORE. MALTE. Neuf gravures, lithos, chromos, etc.

230. GROSIER (Abbé). A General Description of China : containing the topography of the fifteen provinces which compose this vast empire; that of Tartary, the Isles, and other tributary countries ; the number and situation of its cities, the states of its population etc... Illustrated by a New and correct map of china and other copper-pilotes. *London, Robinson*, 1788 ; 2 vol. in-8, veau marb., dos ornés avec pièces de titre rouges et pièces de tomaisons vertes, tr. jaunes. (*Rel.anc.*)

Cet ouvrage est orné d'une superbe carte de la Chine in-folio pliée, en couleur, gravée et de nombreuses planches hors-texte représentant des coutumes chinoises, des armes, des objets, etc.
Collation : Tome I : 12 ff. liminaires, carte et 582 pp. Tome II : 4 ff. liminaires, 15 planches hors-texte et 524 pp.

231. GROSLIER (Georges). Danseuses cambodgiennes, anciennes et modernes. *Paris, Challamel*, 1913; in-4, broché, étui.

Un des cinq exemplaires sur papier du Japon, enrichi d'un très beau *dessin original* exécuté à la plume.
Très bel ouvrage, orné de planches hors texte en couleurs et de nombreux dessins dans le texte.

232. GROSLIER (Georges). Recherches sur les Cambodgiens. *Paris, Challamel*, 1921 ; in-4, br.

Travail sur l'art cambodgien orné de nombreuses illustrations.

233. GUERLACH (J. B.). « L'Œuvre néfaste ». Les Missionnaires en Indochine. Assassinat de Robert et d'Odend'hal. Mayréna, roi des Sédang. *Saïgon, imprimerie commerciale*,; 1906 ; in-8, demi-mar. bradel rouge, tête dor., ébarbé.

234. GUETTÉE (Abbé). Histoire des Jésuites composée sur documents authentiques en partie inédits. *Paris, Huet*, 1858 ; 2 vol. in-8, br., couv.

Important ouvrage de bibliographie. Une partie a trait aux missions d'Extrême-Orient. Rare.
Quelques rousseurs.

235. GUGLIELMOTTI (P. Alb. d. Ord. d. Pred.). Memorie delle Missioni Cattoliche nel Regno del Tunchino. *Roma*, 1844 ; in-8, demi-bas. verte, tr. mouch. (*Reliure de l'époque.*)

Figure hors texte gravée.

236. GUGLIELMOTI (A.). Memorias de la misiones catolicas en el Tonkin o sean noticias breves de la persecucion que en aquel reino ha sufrido el Catolicismo, y de los martirios etc. Escritas en Italiano y trad. por M. Amado. *Madrid*; 1846; avec front., in-4, demi-chag. noir, tr. marb.

237. GUIGNES (Joseph de). Voyages à Péking, Manille et l'Ile-de-France faits dans l'intervalle des années 1784 à 1801. *Paris, de l'Imprimerie impériale*, 1808 ; 3 vol. in-8, demi-bas., dos ornés, tr. marb. (*Rel. anc.*)

238. GUTZLAFF (C.). Journal of three voyages along the Coast of China in 1831-33 with notices of Siam, Corea, and the Loo-Choo Islands. Third edition. *London, Ward*, 1840 ; in-8, cart. toile noire, décors à froid.

Frontispice et carte repliée.
Légères rousseurs.

239. GUYON (Abbé). Histoires des Indes orientales anciennes et modernes. *Paris, Desaint et Saillant*, 1744 ; 3 vol. in-12, veau fauve, dos ornés de fleur. dor., tr. rouges. (*Rel. anc.*)

Édition originale.
Deux grandes cartes repliées, gravées en taille-douce.

240. MÊME OUVRAGE, même édition, ornée d'une grande carte repliée.

241. HAUSSMANN (Auguste). Voyage dans l'Extrême-Orient. Chine, Cochinchine et Archipel indien. *Paris, Renault*, 1863; 3 vol. in-8, demi-veau fauve, tr. mouch.

Orné de cartes repliées et de figures.

242. HERBERT (Sir Thomas). Relation du Voyage de Perse et des Indes orientales, traduite de l'Anglois (par de Wicquefort). Avec les révolutions arrivées au Royaume de Siam l'an mil six cens quarante sept, traduites du Flamand, de Jérémie Van Vliet. *A Paris, chez Jean du Puis*, 1663 ; in-4, veau marb., dos à nerfs orné, tr. jasp., ornement dor. à chaque coin sur les plats. (*Rel. anc.*)

A la fin du volume, table alphabétique des matières. Reliure ancienne un peu usagée.
Collation : 3 ff. liminaires, 632 pp. et 12 ff.

243. HÉRY (L. E.). Nouvelles esquisses africaines. *Saint-Denis, Ile Bourbon*, 1856 ; in-8, cart. toile marron.

Édition originale.

244. HISTORIQUE DE L'ARTILLERIE de la Marine. *Paris, Dumoulin*, 1889 ; in-8, broché.

Orné de seize planches hors texte de costumes, coloriées.
Dos cassé.

245. HOCQUARD (Dr). Une campagne au Tonkin. *Paris, Hachette*, 1892 ; in-4, demi-mar. marron, tête dor., couv. cons.

État de neuf. Orné de deux cent quarante-sept gravures, et de deux cartes.

246. HORSBURG (James). India Directory, or Directions for Sailing to and from the East Indies, China, New-Holland, Cape of Good Hope, Brazil and Interjacent Ports. *London* ; 1841 ; 2 tomes en 1 vol., demi-veau vert à coins, tr. mouch.

247. ILE BOURBON. Essai de statistique de l'Ile Bourbon considérée dans sa topographie, sa population, son agriculture, son commerce, etc.; ouvrage couronné en 1828 par l'Académie royale des sciences suivi d'un projet de colonisation de l'intérieur de cette île, par M. P. P. V. Thomas. *Paris, Bachelier et Sellique*, 1828 ; 2 vol. in-8, cart., couv. cons., têt. jasp.

248. ILE MAURICE. Statistique de l'Ile Maurice et ses dépendances suivie d'une notice historique sur cette colonie et d'un essai sur l'Ile de Madagascar, par M. le Baron d'Unienville. *Paris, Barba*, 1838 ; 3 vol. in-8, cart. mod., couv. cons., têt. jasp.

Quelques rousseurs. Réparations à quelques couvertures.

249. ILES DU VENT. Mémoire du Roi pour servir d'instructions aux S^rs^ de La Coste, Magnitot, de Montdenoix et Linger, commissaires de Sa Majesté pour l'exécution de la loi du 8 décembre dernier, relative aux troubles des Isles du Vent. *Fait et arrêté à Paris le 24 janvier* 1791. Manuscrit de 10 feuillets in-folio, non relié.

Précieux manuscrit donnant tous les réglements intérieurs des Iles du Vent.

250. INDE, Chine et Japon ou nouveau tableau anecdotique de la religion, des mœurs, usages et coutumes des peuples de ces contrées lointaines. *Paris, Lehuby, s. d.* (1842) ; in-12, bas. marb., dos orné avec pièce de titre noire, armes épiscopales au centre du premier plat, marque du séminaire de Polignan sur le second. (*Rel. romant.*)

Ouvrage orné de trois figures hors texte non signées.
Reliure un peu usagée. Rousseurs.

251. INDO-CHINE. Conférences publiques sur l'Indo-Chine faites à l'Ecole Coloniale pendant l'année scolaire 1909-1910. *Paris, Imprimerie Chaix*, 1910, in-8, cart. couv. cons.

252. INTORCETTA (Père Prosper). Compendiosa Narratione dello Stato della Missione Cinese, cominciado dall Anno 1581 fino al 1669 offerta in Roma, Alli Eminentissimi Signori Cardinali della Sacra Congregatione de Propaganda Fide. *In Roma per Francesco Tizzoni*, 1672, in-16 (*Cart. mod.*)

Ouvrage très rare sur l'état des missions chinoises.
Collation : 126 pp. et 1 f. n. c. (errata).

253. ITIER (Jules). Journal d'un Voyage en Chine en 1843, 1844, 1845, 1846. *Paris, Dawin et Fontaine*, 1848-53 ; 3 vol. in-8, demi-chag. violet, nom de l'auteur en lettres dor. sur les premiers plats, tr. mouch.

Trois frontispices lithographiés.

254. JÉSUITES. Riflessioni di un Portoghese Sopra il memoriale presentato da' P.P. Gesuiti alla Santita' di P.P. Clemente XIII felicemente regnante. *In Lisbona*, 1758. — Critica di un romano alle Riflessioni del Portoghese sopra il Memoriale presentato dalli P. P. Gesuiti alla Santita' di Papa Clemente XIII, distesa in una Lettera mandata a Lisbona. *In Genova*, 1760. 2 ouv. en un vol. in-12, vél. bl. (*Rel. anc.*)

Réunion des deux thèses pour et contre les Jésuites portugais. En frontispice portrait des trois Jésuites auteurs présumés de l'attentat contre le roi de Portugal. Rare et curieux.
Rousseurs.

255. JÉSUITES. *Réunion de 7 brochures concernant les Jésuites.* Lettres pour la bonne année au R. R. Pères Jésuites. *Paris*, 1762. — Mes doutes sur l'affaire présente des Jésuites (par le Père Cabut). *En France*, 1762. — Critica di un Romano alle riflessionni del Portoghese. *Lugano*, 1769. — Memoria diretta a Signori Plenipotenziari del Congresso de Soissons giusta idea che formar si deve dé Jesuiti. *Lugano*, *Bettinelli*, 1762. — Lettere del Doge della Republica degli Apisti all' imperator de' Solipsi. *Lugano*, 1769. — Risposta prima d'un Italiano dimorante al servizio del re fedelissimo ad un prelato della Curia Romana, circa le presenti controversi della Corte di Portogallo co' P. P. Gesuiti. *Barcellona*, *Cervello*, 1769. — Riflessioni di un Portoghese sopra il memoriale presentato da' P. P. Gesuiti alla santita di P. P. Clemente XIII. (Par O. Pinault). *Lugano*, 1769. — Ens., 7 broch. in-12, couv. muet. de pap. orange.

256. JÉSUITES. Brevis relatio eorũ, quæ spectant ad Declarationem Sinarũ imperatoris Kam Hi circa cœli, camfucii et Avorũ cultũ, anno 1700. Accedunt Primatũ, doctissimoruq'virorú, et antiguissimae traditionis testimonia. *Opera PP. Societ. Jesu Pekini pro Evangely propagatione laborantium, s. d.* (1700.)

Curieux et rarissime ouvrage imprimé par les Jésuites à Pékin en 1700 sur papier du pays. C'est une défense des rites chinois pour laquelle les jésuites étaient soutenus par l'Empereur.

257. [JURIEU (Pierre)]. La Religion des Jésuites ou Réflexions sur les inscriptions du père Ménestrier, sur les écrits du Père Le Tellier, pour les nouveaux chrétiens de la Chine et des Indes, contre la dix-neuvième observation de l'Esprit de Mr. Arnaud. Dans lesquelles on trouvera la défense de l'Esprit de Mr. Arnaud, et un jugement sur la contestation entre l'Evêque de Malaga, les Jésuites et les Auteurs de la morale pratique des Jésuites, au sujet des Missionnaires des Indes. — [Antoine ARNAULD]. Nouvelle hérésie dans la morale, dénoncée au Pape et aux Evesques aux princes et aux magistrats. *A la Haye*, *chez Abraham Troyel*, 1689; in-16. (*Cart. anc.*)

Le ministre protestant Jurieu qui avait souvent attaqué le janséniste Arnauld se retrouve ici avec lui contre les Jésuites.
Collation : 214 pp. et 1 f. (table).

258. KAEMPFER (Engelbert). Histoire naturelle, civile et ecclésiastique de l'Empire du Japon, traduite en françois sur la version angloise de Jean-Gaspar Schenchzer. *A la Haye*, *chez P. Gosse et J. Neaulme*, 1732, 3 vol. in-12, veau brun, dos à nerfs ornés avec pièce de titre rouges, tr. jasp. (*Rel. anc.*)

259. KHIÊT (Nguyen-Thanh). La Cochinchine française et son organisation politique. *Montpellier*, *Firmin et Montane*, 1915 ; in-8, cart. brad., pap. fantaisie, tr. jaunes.

Édition originale. Envoi autographe de l'auteur. On a joint les articles de violente polémique suscités par cet ouvrage. Annotations au crayon de M. A. Salles.

260. KING. Traves in Siam and Cambodia. — CAMPBELL. Notes on the Antiquities, Natural history of Cambodia ; in-8, *s. l. n. d.*, cart.

Recueil d'articles précédé d'une carte de Siam et de Cambodge.

261. KIRCHÈRE (Athanase). La Chine, illustrée de plusieurs monuments tant sacrés que profanes, et de quantité de recherches de la nature et de l'art a quoy on a adjousté de nouveau les questions curieuses que le serenissime grand duc de Toscane a fait depuis au Père Jean Grubere touchant ce grand Empire. Avec un dictionaire chinois et françois, traduit par F.- S. Palquié. *A Amsterdam, chez Jean Jausson et les héritiers d'Elizée Weyerstraet*, (1670), in-fol., veau brun, dos à nerfs orné avec pièce de titre rouge, tr. jasp. (*Rel. anc.*)

En frontispice, portrait gravé de l'auteur.
Cartes et nombreuses figures dans le texte.
Ouvrage dédié à Louvois.
Rousseurs. Coins usés.
Collation : 9 ff. liminaires, 367 pp. et 6 ff.

262. KLAPROTH (H.-J.). Fookoua Siriak, ou traité sur l'origine des richesses au Japon, écrit en 1708 par Arraï Tsikongo non Kami Sama, autrement nommé Fak Sik Sen See, instituteur du Deüri Tsuma loosi et de Yeye Mio Tsou; traduit de l'original chinois et accompagné de notes par M. Klaproth. *Paris, Schubart et Heideloff*, 1818; brochure in-8, de 24 pp., couv. muet.

Extrait du *Nouveau Journal Asiatique.*

263. KOFFLER (Johannis). Historica Cochinchinæ descriptio. In epitomen redacta ab Anselmo ab Eckart. *Norimbergae*, 1803; in-8, demi-rel. veau. *Rare.*

264. KURTZER. Bericht der in Konigreich Siam Veranderung, 1688; plaquette de 4 ff. in-4, n. ch., demi-veau marb. (*Rel. mod.*)

265. LA BISSACHERE (P. Jacques Lemonnier de). Exposé statistique du Tunkin, de la Cochinchine, du Cambodge, du Tsiampa, du Laos, du Lac-Tho. Par M. M. N. Sur la relation de M. de la Bissachère, missionnaire dans le Tunkin. *Londres, de l'Imprimerie de Vogel et Schulze*, 1811; 2 t. en 1 vol. in-8, demi-veau marron à coins, dos à nerfs orné avec pièce de titre verte, têt. dor. (*Rel. mod.*)

Collation : pp. 3664 + pp. 2 pour l'er.; pp. 168 + 1 f. pour l'er.; la carte manque.

266. LA BISSACHÈRE (Père Jacques Lemonnier de). Etat actuel du Tunkin, de la Cochinchine et des royaumes de Cambodge, Laos et Lac-Tho, traduit d'après les relations originales. *Paris, Galignani*, 1812, 2 vol. in-8, demi-mar. noir, dos orné, têt. dor. (*Rel. mod.*)

Le Père La Bissachère, ayant presque oublié le français dans ses Voyages avait confié la rédaction de son ouvrage à Mentyon. Recherché.
Collation : 3 ff. liminaires et 325 pp.; 2 ff. liminaires et 342 pp.

267. LA FLOTTE. Essais historiques sur l'Inde, précédés d'un journal de voyages et d'une description géographique de la Côte de Coromandel, contenant tout ce qui concerne les loix, le gouvernement, la distinction des castes, la discipline militaire, le cérémonial des mariages et des obsèques, les mœurs et les arts des Indiens. Nouvelle édition. *Paris, Costard*, 1774; in-12, veau écaille, encadr. de fil. dor., dos plats ornés de fleur. dor., tr. rouges (*Rel. anc.*)

2 ff. prél., 360 pp. ch., 6 ff. n. ch. de *Tables* et *Privilège*.
Cachet ex-libris sur le titre.

268. LA FONTAINE. Les Bambous. Fables de La Fontaine, travesties en patois créole, par un vieux commandeur. *Fort-Royal-Martinique, Ruelle et Arnaud*, 1846; in-8, demi-mar. citron, coins, dos orné en long de fleur. mosaïq., tête dor., n. rogn. (*Durvant.*)

Très curieux ouvrage contenant 50 fables de La Fontaine, en patois créole.

269. LALLY (Thomas-Arthur, comte de), général et administrateur dans l'Inde, décapité en 1766. — L. a. s. à M. Moracin, prisonnier à Pondichéry; Madras, 17 février 1761, 1 p. 1/4 in-8. *Rare.*

Très curieuse lettre.
Ce n'est pas d'aujourd'hui qu'il est accoutumé au style railleur et impertinent de ses lettres. « Vous savez très bien que je n'ai pas fait présent de vos chandeliers aux Capucins, ni de votre croix, vous les y reprendrez si vous voulez...., au reste un chef de parti et en liaison étroite avec des meurtriers et des assassins est trop méprisable pour moi, pour que je fasse attention à des plaisanteries que je crois insultantes et qui ne causent point en moi le plus léger sentiment. »

270. LA LOUBÈRE. Du royaume de Siam. *Paris, Coignard*, 1691, 2 vol. in-12, veau fauve, encadr. de fil. dor., dos plats finement ornés de fleur. dor., dent. int. dor., tr. dor. (*Rel. anc.*)

Vol. 1, 6 fnc., 555 pp. 2 fnc., 2 cartes, 25 plans ou figures. — Vol. 2, 1 fnc., 404 pp., 2 fnc., 15 figures. Très rare.
Très bel exemplaire.

271. LA LOUBÈRE (Simon). A New historical Relation of the Kingdom of Siam. *London, Horne, Francis Saunders and Tho. Bennet*, 1693; 2 t. en 1 vol. pet. in-fol., veau brun, dos à nerfs jans., bande estampée à froid sur les plats. (*Rel. anglaise de l'époque.*)

Traduction anglaise du curieux voyage de la Loubère envoyé en Siam comme ambassadeur par Louis XIV en 1687.
Nombreuses planches hors texte gravées non signées.

272. LANDES (A.). Trân Bô. comédie annamite transcrite par Phan Dû Hoa lettré au collège des interprètes traduite et annotée par A. Landes. *Saïgon, imprimerie coloniale*, 1887; in-8. cart., couv. cons.

Traduction française suivie du texte annamite 25 ff. pliés.

273. [LANGLOIS (Charles-François)]. Instruction pour les cathéchistes ou méthode d'instruire les payeurs. *S. l. n. d.*, (1850?): in-8, demi-chag. violet, dos à nerfs orné, tête jasp., couv. cons. (*Rel. de l'époque.*)

Ce recueil composé en caractères annamites sur papier du pays, est précédé d'un curieux titre frontispice gravé sur bois.

274. LAO TSEU TAO TE KING. Le Livre de la Voie et de la Vertu, composé dans le VIe siècle, avant l'Ère Chrétienne par le Philosophe Lao-Tseu. Trad. en Français et publ. avec le Texte Chinois et un Commentaire perpétuel, par Stanislas Julien. *A l'imprimerie Royale*, 1842; in-8, demi-chag. rouge à coins.

Rare.

275. LAUNAY (A). Histoire générale de la Société des Missions étrangères. *Paris, Tequi*, 1894; 3 vol. — Documents relatifs à la Société des Missions étrangères. 1 vol. — Histoire de la Mission de Siam (1662-1811). Documents historiques. 1 vol. — Histoire de la Mission de Cochinchine. Documents historiques. 3 vol. — Memorial de la Société des Missions étrangères Table alphabétique, 2 vol. in-4. — Ens. 10 vol. cart. demi-vélin blanc, tr. mouch.

276. LAVISSE et RAMBAUD. Histoire générale du IVe siècle à nos jours. *Paris, A. Colin*, 1896-1901; ens. 12 vol. in-4, demi-chag. violet, têtes dor., non rognés.

277. LAVOLLÉE (C.). VOYAGE EN CHINE (1843-1846). Teneriffe, Rio Janeiro, Le Cap, Ile Bourbon, Malacca, Singapore, Manille, Macao, Canton, Ports Chinois. Cochinchine and Java. *Paris, Rouvier et Ledoyen*, 1852; in-8, demi-bas. violette.

278. [LE BLANC (Vincent)]. Le Voyageur curieux qui fait le tour du Monde avec ses matières d'entretien qui composent l'histoire curieuse. *A Paris, chez François Clousier*, 1664; in-4, veau brun. (*Rel. anc. usag.*)

Une partie de cet ouvrage traite du royaume de « Sian, Candboïa, Cochinchine et Tunkin ».
Dos enlevé, coins usés, reliure en mauvais état.
Collation : 8 ff. liminaires, 424 pp. et 360 pp.

279. LE BLANC (P. Marcel). Istoria della Rivoluzione del Regno di Siam accaduta l'anno 1688. E dello Stato presente dell' Indie scritta dal P. Marcello le Blanc et partito dal Francese nell' Italiano, da don Casimiro Frescot. *In Milano*, 1695; in-16, vél. blanc à recouvrements. (*Rel. anc.*)

Le Père Le Blanc fut un des quatorze mathématiciens envoyés par Louis XIV en ambassade au roi de Siam sur le conseil de l'aventurier grec Constance Phaulkon. Il trace ici l'histoire de la révolution de Siam qui commença par le massacre de Phaulkon et de sa famille.
Rousseurs.
Collation 6 ff. et 394 pp.

280. LE BRASSEUR (J. A.). De l'Inde ou réflexions sur les moyens que doit employer la France relativement à ses possessions en Asie. *Paris, Didot, l'aîné*. 1790: pet. in-8, veau marb., triple fil. dor. sur les plats, dos orné avec pièce de titre noire, tr. jasp. (*Rel. anc.*

Première édition de ce savant ouvrage colonial; son auteur fut guillotiné par les révolutionnaires en 1794.
A la fin du volume, carte pliée in-folio de l' « Indostan ou Presqu'Isle de l'Inde en deçà du Gange » gravée par Bertin.
Coins usés.
Collation : 4 ff. liminaires, 140 pp. et la carte.

281. LECLÈRE (Adh.). Cambodge. Contes et Légendes recueillis et publiés en français. Introduction par Léon Feer. *Paris, Bouillon*, 1895; in-8, demi-chag. olive. tr. mouch.

Édition originale de ce recueil destiné à « faire connaître une littérature jusqu'alors presque ignorée en Europe ». Préface de l'auteur).
Légères rousseurs.

282. LECLÈRE (Adhémard). La Crémation et les rites funéraires au Cambodge. Crémation de sa majesté Norondam. *Hanoï, Schneider*, 1907; in-8, broché.

Nombreuses planches hors-texte.

283. LECLÈRE (A.). Histoire du Cambodge depuis le 1er siècle de notre ère, d'après les inscriptions lapidaires, les annales chinoises et annamites et les documents européens des six derniers siècles, XII, 547 pp., gr. in-8, 1914, broché.

284. LE COMTE (R. P. Louis). Nouveaux Mémoires sur l'Etat présent de la Chine. *A Paris, chez Jean Anisson*, 1697-1701; 2 vol. in-12, veau brun, dos à nerfs ornés, avec pièces de titres claires, tr. jasp. (*Rel. anc.*)

On trouve dans ces volumes quelques planches sur l'observatoire de Pékin. Le Père Lecomte fut mêlé à l'affaire des « rites chinois »

285. LE COMTE (Père Louis). Lettre du R. Père Louis le Comte... à Monseigneur le Duc du Maine sur les cérémonies de la Chine. *Paris*, 1700; in-12, bas. brune, tr. mouch. (*Rel. anc.*, usagée).

Très rare. Cette relation fut défendue par le gouvernement français qui la fit détruire. 190 pp. ch. et 1 f. d'*addition*.

286. LE COMTE (Capitaine). La Vie militaire au Tonkin. Illustrations par M. Dauphin. *Paris, Berger-Levrault*, 1895; gr. in-8, demi-chag. bleu, couv. cons.

Nombreuses illustrations dans le texte et hors-texte.

287. LE FAUCHEUR. Lettre sur le Cambodge. *Paris, Challamel aîné*, 1872; in-8, cart.

288. LE FAVRE (P. Jacques). De sinensium ritibus politicis Acta seu Dissertatio theologico-historica de avita Sinarum pietate praefertin erga defunctos et eximia erga Confucium magistrum suum observantia. *Parisiis, apud Nicolaum Pepie*, 1700; in-16. (*Cart anc.*)

Exposé, pour la controverse des « Rites chinois » des coutumes des chinois dans le culte qu'ils rendent à Confucius et aux Morts.
Collation : 7 ff. liminaires, 461 pp. 1 f. blanc et 4 ff. n. c. (table et errata).
Trou dans le feuillet 251-252.

289. LE GENTIL. Nouveau voyage autour du monde, enrichi de plusieurs plans, vuës, et perspectives des principales villes du Pérou, Chily, Brésil et la Chine, avec une description de l'Empire de Chine, beaucoup plus ample et plus circonstanciée que celles qui ont paru jusqu'à présent, où il est traité des mœurs, religion, politique, éducation et commerce des peuples de cet Empire. *Amsterdam*, 1728; 3 tomes en 1 vol. in-12, cart., cartes et figures.

L'auteur de çet ouvrage intéressant donne la description des lieux qu'il a vus et des mœurs qu'il a observées, son livre contient des particularités curieuses sur *Emoui*; et aussi sur plusieurs petites îles du détroit de la Sonde, ainsi que sur la colonie de l'*île de Bourbon*, alors nommée *Mascarin*, et qui était encore dans l'enfance. (*Biog. univ.*)

290. LE GENTIL. Nuovo viaggio all' intorno del Mondo, che contiene una descrizione del Chili e del Perù e una esatissima relazion dell' Imp. della Cina. *Venezia*, 1762; 2 tomes en 1 vol. in-12, vélin blanc. (*Rel. anc.*)

Beau frontispice gravé. Rousseurs.

291. LE GOBIEN (Père Charles). Histoire naturelle des Isles Mariannes, nouvellement converties à la Religion Chrestienne, et de la mort glorieuse des premiers missionnaires qui y ont prêché la Foy. *A Paris, chez Nicolas Pepie*, 1700; in-12, veau brun, dos à nerfs orné, avec pièce de titre rouge, tr. jasp. (*Rel. anc.*)

Édition originale.
Elle est ornée de cartes pliées et gravées.

292. [LE GOBIEN (P. Charles)]. Lettres de quelques missionnaires de la Compagnie de Jésus écrites de la Chine et des Indes orientales. *A Paris*, 1702; in-16, demi-bas. marb., dos à nerfs orné, avec pièce de titre r. (*Rel. mod.*)

La publication de ces lettres est due à l'historien Le Gobien, jésuite célèbre et érudit. La dernière lettre, du Père Pellisson, est adressée de Canton au Père La Chaise, confesseur du Roy.
Mouillure.

293. LENZ (Dr Oskar). Timbouctou. Voyage au Maroc, au Sahara et au Soudan, traduit de l'allemand par Pierre Lehautcourt et contenant 27 gravures et 1 carte. *Paris, Hachette*, 1886; 2 vol. in-8, brochés.

Belles reproductions de très grand format, repliées.

294. LETTERE annue del Giappone dell'Anno MDCXXII et della Cina del 1621 et 1622. Al molto Rev. in christo P. Mutio Vitelleschi preposito Generale della Compagnia di Giesu. *In Roma, per Francesco Corbelletti*, 1627; in-12, br., couv. muette.

Documents des missions extrême-orientales.
Collation : 312 pp.

295. LETTERE annue d'Etiopia, Malabar, Brasil, Egoa dell' Anno 1620 fin'al 1624. Al molto Rever in Christo P. Mutio Vittelleschi proposito General della Compagnia di Giesu. *In Roma, per Francesco Corbelletti*, 1627; in-16, vél. bl. tr. jasp. (*Rel. anc.*)

Cet couvrage contient page 97 une lettre de 21 pp. sur la Cochinchine de Gaspar Luigi.
Lettres ornées gravées sur bois.
Collation : 345 pp.

296. LETTERE DELL' ETHIOPIA dell' anno 1626 fino al Marzo del 1627, e della Cina dell' anno 1625, fino al Febraro del 1626 con una breve relatione del viaggio al regno di Tunquini nuovamente scoperto. Mandate al molto Rev. Padre Mutio Vitelleschi. *In Roma, appresso l'erede di Bartolomeo Lanmetti*, 1629; in-16, vel. bl. (*Rel. anc.*)

La dernière lettre sur le Tonkin (16 pp.) est du Père Baldinotti.
Collation : 135 pp.

297. LETTRES ÉDIFIANTES et curieuses, écrites des missions étrangères, par quelques missionnaires de la Compagnie de Jésus (recueillies par les PP. Charles Le Gobien, J.-B. du Halde, N.-L. Ingoult, A.-J. de Neuville, Louis Patouillet et autres). *Paris, Le Clerc et Berton*, 1717-1776; 45 vol. in-12, mar. rouge, milieux armoriés, encad. de 3 fil. dor., dos à nerfs ornés, dent. intér., tr. dor. (*Rel. de l'époque.*) — Les 7 derniers volumes ont des pièces de titre, au dos, en maroquin olive.

Les 28 premiers tomes comprennent les *Lettres édifiantes*, les t. 29 à 37 les *Nouveaux Mémoires des Missions dans le Levant*, les t. 35 à 45, les *Lettres édifiantes, continuation*.
Collection très recherchée et qu'il est EXTRÊMEMENT rare de trouver bien complète.
ÉDITION ORIGINALE. Ces Lettres furent recueillies par les Pères Gobien et Trabouillet. Elles contiennent les relations de tous les missionnaires qui partirent en Amérique, aux Indes, pour coloniser les régions inconnues et civiliser les tribus sauvages.
Un grand nombre de ces lettres ont rapport aux missions envoyées en Amérique.
Ce sont des pièces d'autant plus intéressantes qu'elles n'ont jamais paru autre part que dans ce recueil de Lettres.

Le tome III est entièrement consacré aux missions de la *Californie*. Le tome VII contient une très curieuse lettre sur l'établissement des Français à la *baie de Hudson* et de nombreuses relations sur les *Philippines*. Le tome VIII est consacré au *Canada*. Le tome XII à la *Guyane* (très curieuses lettres sur Cayenne et sur les rives de l'Oyapoc). On trouve dans ce même tome l'histoire complète de l'établissement de la colonie des Natchez sur les bords du *Missis-sipi*.

Enfin les autres tomes renferment de nombreuses pièces relatives à *Saint-Domingue*, au *Pérou*, au *Paraguay*, etc., etc.

De NOMBREUSES CARTES ET GRAVURES EN TAILLE-DOUCE illustrent ces volumes et représentent des cérémonies bizarres ou des échantillons de la flore des régions les moins connues.

Très bel exemplaire aux armes de *Marie-Thérèse de Savoie, comtesse d'Artois*. Manque au t. 27, un f. d'errata.

298. LETTRES ÉDIFIANTES et curieuses, écrites des missions étrangères, par quelques missionnaires de la Compagnie de Jésus. *Paris, Le Clerc et Berton*, 1717-1776 ; 33 vol. in-12, veau marbr., milieux armoriés, encad. de 3 fil. dor., dos à nerfs, ornés aux pet. fers et au pointillé, pièces de mar. olive et rouge, dent. intér., tr. dor. (*Rel. de l'époque*)

Portrait et nombreuses planches.

Sur un f. de garde, cette indication manuscrite de de Bure l'aîné : *Collationné complet le 23 août 1825* De Bure l'aîné.

Exemplaire très frais et dans une fine reliure aux *armes du duc d'Aumont*.

299. LETTRES ÉDIFIANTES et curieuses écrites des Missions étrangères. Nouvelle édition (augmentée et dirigée par l'abbé de Querbeuf, ex-jésuite). *Paris, Mérigot*. 1730-1783; 26 vol. in-12, veau porphyre, 3 fil. dor., dos lisses, ornés, pièces de mar. olive, tr. marb. (*Rel. de l'époque.*)

Exemplaire dans une jolie reliure.
Quelques coiffes fatiguées.

300. LETTRES ÉDIFIANTES. Choix des lettres édifiantes écrites des missions étrangères; avec des additions, des notes critiques et des observations..... *Paris, Maradan et Nicolle*, 1808-1809; 4 vol. in-8, demi-bas. brune, dos ornés, tr. jaunes. (*Rel. de l'époque.*)

301. LETTRES ÉDIFIANTES et curieuses, écrites des Missions étrangères. Nouvelle édition, ornée de cinquante belles gravures. *Lyon, Vernarel*, 1819 ; 14 vol. in-8, demi-veau fauve, tr. marb.

302. LETTRES ÉDIFIANTES. Scelta di Lettere edificanti... *Milano*, 1825-1830 ; 18 vol. in-8, brochés, non rognés, papier vergé, cartes repliées.

303. LETTRES ÉDIFIANTES et curieuses, concernant l'Asie, l'Afrique et l'Amérique... avec quelques relations nouvelles des Missions et des notes, par L. Aimé-Martin. *Paris, Daffis*, 1875 ; 4 vol. in-4, brochés.

De la collection du *Panthéon littéraire*.
(Tome IV incomplet de sa couverture.)

304. LETTRES de quelques missionnaires de la Compagnie de Jésus. Écrites de la Chine et des Indes orientales. *Paris*, 1702 ; in-12, veau marb., tr. mouch. (*Rel. anc usagée.*)

Édition originale de ces très curieuses relations réunies par le P. Le Gobien, jésuite.
12 ff. prél., 112 pp. ch.
Cachet sur le titre.

505. Même ouvrage; cart. brad., pap. moderne.

Réimpression textuelle de l'édition originale, de la même date; la seule différence est à la préface qui est en plus petits caractères et n'occupe que 6 feuillets.

506. LÉVIS (Chevalier de). Journal des Campagnes du chevalier de Lévis en Canada de 1756 à 1760. — Lettres concernant la guerre du Canada. *Montréal, Beauchemin et fils*, 1889. Ens. 2 vol. in-8, demi-chag. bleu à coins, dos à nerfs orné, tête dor.

507. LEVOT (P.). Histoire de la ville et du port de Brest. *Brest et Paris*, 1864; 3 vol. in-8, cart., brad. demi-toile verte, tr. mouch., couv. cons.

Orné de plans repliés, d'une jolie vue de la rade de Brest en 1631, d'après une gravure ancienne de *Tassin*.

508. LIONNE (Abbé de). Lettre à M. Charmot, directeur du Séminaire des Missions étrangères de Paris. *S. l.*, 1700; in-16, vél. bl., dos à nerfs, tr. jasp. (*Rel. anc.*)

Ouvrage dirigé contre les idées des Jésuites et contre le livre du P. Le Tellier : « Défense des nouveaux chrétiens ».
Collation : 8 ff. liminaires et 257 pp.

509. LIONNE. Lettera del sig. Abbate di Lionne vicovo nominato di Rosolia e vicario apostolico della Provincia di Sachuen nella Cina al Sig. Charmot, direttore del Seminario delle Missioni forestiere di Parigi, in Canton. — Lettera a Madame di Lionne sopra il libello de gesuiti. *Roma*, 1701; in-12, vél. bl., dos à nerfs, tr. jasp. (*Rel. anc.*)

Intéressants documents. En frontispice, singulière planche pliée gravée représentant le Père Grimold en costume de mandarin.
Collation : Frontispice, titre, 5 ff. liminaires et 336 pp., 2 ff., frontispice et 83 pp.

510. LO-LOOZ (de). Les militaires au delà du Gange. *Paris, Bailly*, 1770; 2 vol. in-8, fig., demi-veau fauve. (*Rel. mod.*)

2 figures par *Eisen* et 4 plans de batailles.

511. LOUREIRO (João de). Flora Cochinchinensis : sistens plantas in regno cochinchina nascentes. Quibus accedunt aliæ observatæ, observatæ in sinensi imperio, africa orientali indiæque locis variis. Omnes dispositæ secundum systema sexuale linnæanum. *Ulyssipone (Lisbonne) typis et expensis Academicis*, 1790; 2 vol. in-4, bas marb., dos à nerfs ornés avec pièces de titre et de tomaison grenat, têt. r. (*Rel. mod.*)

Le savant auteur de cette botanique cochinchinoise était jésuite et ne se livra à l'étude des plantes qu'après que la dissolution de son ordre au Portugal lui eut laissé des loisirs. A la fin du second volume, index alphabétique.
Collation : *a*) 1 f. liminaire, XX pp. et 353 pp. — *b*) 1 f. liminaire, pp. 355 à 744 et 1 f.

512. LYAUTEY (Général). Réunion de deux lettres (reproduites en polycopie) sur la question du Siam, écrites en 1896 et 1897. Ces lettres n'ont jamais été publiées, leur publication présentant des difficultés à l'époque.
On a ajouté une lettre autographe signée du général Lyautey datée du 16 mai 1904, se rapportant à l'ouvrage (4 pp. in-12), à l'en-tête du général Lyautey « Commandant la subdivision Aïn-Sefra (Sud oranais) ». Le tout relié en brad., demi-mout. angl. vert.

313. MACARTNEY (Lord Georges). Voyage dans l'intérieur de la Chine et en Tartarie fait dans les années 1792, 1793 et 1794, rédigé sur les papiers de Lord Macartney, sur ceux du commodore Erasme Gower et des autres personnes attachées à l'Ambassade par sir Georges Staunton, traduit de l'anglais avec des notes, par J. Costera. Seconde édition, augmentée d'un Précis de l'Histoire de la Chine et du Voyage en Chine et en Tartarie de J. C. Huttner. *A Paris, chez Buisson*, an VII (1799) ; 5 vol. in-8, bas. marb., dos orné avec pièce de titre r., tr. jaunes. (*Rel. anc.*)

Très bonne édition ornée de cartes et de planches hors texte dont quelques-unes sur la flore asiatique.

314. MADROLLE (Claude). Les premiers voyages français à la Chine. La Compagnie de la Chine 1698-1719. *Paris, Challamel*, 1901 ; in-8, demi-chag. rouge, dos à nerfs orné, tête jasp., couv. cons.

Ouvrage recherché orné de cinq planches pliées.

315. MAFFEI (Jean-Pierre). Rerum a Societate Jesu in Oriente Gestarum volumen. In quo hæc ferme continentur. De rebus indicis ad annum usque a Deipara Virgine, MDLXVIII, commentarius Emmanuelis Acostæ Lisitani, recognitus et Latinitate donatus. De rebus indicis ad annum usque MDLXV, Epistolarum libri V, etc. *Neapoli, Saluianum*, 1573 ; in-4, mar. rouge, milieux armoriés, 3 fil. dor., dos à nerfs, orné aux pet. fers, pièce de mar. olive, dent. int., tr. dor. (*Rel. du XVIII siècle.*)

Ouvrage rare.
Superbe reliure de maroquin rouge, *aux armes de Louis-Henri, comte de Loménie de Brienne.*
236 ff. ch. et 2 ff. d'index.

316. MAFFEI (Père Jean-Pierre). Selectarum Epistolarum ex India libri quatuor. *Venetiis, ex officina Damiani Lenarii*, 1588 ; in-8, demi-vél. bl. à coins. (*Rel. anc.*)

Sur la page de titre, le dragon d'Annam au milieu des flammes, gravé sur bois. Lettres ornées et fleurons gravés sur bois.

317. MAFFEI (Giovanni-Pietro). Historiarum indicarum libri XVI. Selectarum item ex India Epistolarum eodem interprete Libri IV. Accessit Ignatii Loiolae vita postremo rocognita. Et in opera singula copiosus Index. 1589. — Selectarum epistolarum ex India libri quatuor Joanne Petro Maffeio interprete, 1588. *Venetiis, apud Damianum Lenarium*, 2 ouv. en 1 fort vol. in-8, vél. bl., dos à nerfs. (*Rel. mod.*)

Intéressants ouvrages sur les missions d'Extrême-Orient. Il contient une vie détaillée de Saint François-Xavier.
Belle impression. Marque d'imprimeur sur le titre. Nombreux fleurons, lettres ornées et culs-de-lampe gravés sur bois dans le texte.

318. MAFFEI (Giovanni-Pietro). Historiarum indicarum libri XVI, selectarum item ex India Epistolarum eodem interprete Libri IV. Accessit Ignatii Loiolæ vita postremo recognita. Et in opera singula copiosus Index. *Lugduni, Ex officina Junctarum*, 1589 ; petit in-8, vél. bl. avec des fil. à froid sur les plats et des fleurs dor. à chaque coin, dos à nerfs avec un motif décoratif dor., tr. jasp. (*Rel. anc.*)

Ouvrage recherché. A la fin du volume, vie de Saint Ignace de Loyola. Belle impression. Fleurons et lettres ornées gravées sur bois.
Sur la page de titre, beau lys florentin gravé sur bois des héritiers lyonnais de Jacques Junte.
Rousseurs.
Collation : 2 ff. liminaires, 688 pp. et 16 ff.

519. MAFFEI (Père Giovanni-Pietro). Le Istorie delle Indie Orientale tradotte di latino in lingua toscana da M. Francesco Serdonati Fiorentino. Con una scelta di lettere scritte dell' Indie, fra le quali ve ne sono molte non più stampate, tradotte dal medesimo. *In Fiorenza, per Filippo Giunti*, 1589 ; fort vol. in-8, vél. bl., dos orné avec pièce de titre de mar. r., tr. bleues. (*Rel. anc.*)

Traduction italienne de l'histoire du Père Maffei.
Belle impression. Sur la page de titre, le lys florentin, marque typographique des Juntes.
Nombreux fleurons et lettres ornées gravées sur bois.
Rousseurs.
Collation : 26 ff. liminaires, 930 pp. et 3 ff. (errata).

520. MAFFEI (Giovanni-Pietro). Histoire des Indes où il est traicté de leur descouverte, navigation et conqueste faicte tant par les Portugais que Castillans. Ensemble de leurs mœurs, ceremonies, loix, gouvernemens et reduction à la Foy Catholique. Traduict par F. A. D. L. B. (François Arnault de la Barie). *A Lyon, par Jean Pillehotte*, 1603; in-12, vél. bl. à recouvrements. (*Rel. anc.*)

Collation : 2 ff. liminaires, 953 pp. et 23 ff.

521. MAFFEI (Jean-Pierre). Joan Petri Maffeii Bergomatis, e societate Jesu, historiarum indicarum libri XVI. Omnia ab auctore recognita et emendata. In singula copiosus index. *Cadomi, ex typographia Jacobi Mangeant*, 1614; in-12, vél. bl. (*Rel. anc.*)

Excellente édition bien imprimée sur beau papier par les célèbres imprimeurs caennais Mangeant. Rare.
L'ouvrage est précédé de deux index détaillés.
Collation : 40 ff. liminaires et 718 pp.

522. MAFFEI (Giovanni Pietro). L'Histoire des Indes Orientales et Occidentales, traduite de Latin en François par M. M. D. P. (Michel de Pure). *A Paris, chez Robert de Ninville*, 1665; in-4, veau brun, dos à nerfs orné. (*Rel. anc. usagée*).

Excellente traduction de cette histoire estimée et recherchée.

523. MAFFEI (Giovanni Pietro). Le istorie dell' Indie orientali tradotte di latino in Lingua toscana da M. Francesco Serdonati, citate come testo di lingua nel vocabolario della Crusca colle lettere scelte scritte dell' India, e dal medesimo tradotte. *In Bergamo, appresso Pietro Lancellotti*, 1749; 2 vol. in-4, br., couvertures muettes.

Bonne traduction et bonne impression italiennes.
Bel exemplaire à toutes marges non coupé.
Collation : 4 ff. liminaires et 552 pp., 8 pp. et 224 pp.

524. MAIGROT (R. P. Charles). De Ritibus sinensium erga confucium philosophum, et progenitores mortuos Alexandri Papæ VII : Decreto permissis, adversus librum inscriptum, historia cultus Sinensium, etc. *Leodii et Venetiis*, 1700; in-16, vél. bl. (*Rel. anc.*)

Important traité documentaire pour l'histoire des missions en Chine. Il contient : les pièces promulguées par Alexandre VII, qui autorisaient des rites chinois dans le culte catholique pour les habitants de la Chine ; et le décret de suppression de ces rites pris par le Père Maigrot, décret qui souleva contre le Père Jésuite les religieux de son ordre. On sait que c'est à la suite de ces mesures approuvées par le Pape Clément XI que l'empereur Khang-Hi interdit la religion chrétienne dans son Empire.

325. MALGLAIVE (Capitaine de). Essai sur la rive gauche et la navigabilité du Me-Kong moyen. *Paris, Baudoin*, 1893 ; in-8, cart., couv. cons.

326. MANRIQUE (S.). Itinerario de las missiones que hizo el Padre F. Sebastian Manrique.... missionario apost. treze años en varios missiones del India Oriental... Con una relacion del imperio del Imperador Xa-ziahan Corrombo Gran Mogol, y de otros reys infieles. *Roma, Fr. Caballo*, 1649; 8 ff. prél., 476 pp. ch., in-4, vélin blanc. (*Rel. anc.*)

Ouvrage très précieux donnant une foule de particularités sur le Bengale, Pegu, Arracan, Malacca, les îles Philippines, la Chine et la Cochinchine, Macassar, Kandahar, Ispahan, etc.
Trois chapitres sont consacrés à l'origine et à l'histoire de l'éléphant blanc.
Ouvrage fort rare, non cité par Pardo de Tavera, Retana ou autres bibliographes des îles Philippines.

327. MANUSCRIT. — AUMONT (R. R.). Mémoires qui peuvent être utiles aux ecclésiastiques qui se disposent à se consacrer à l'œuvre des Missions étrangères. Sur les missions de Siam; in-folio, demi-bas. marb., dos orné avec pièce de titre rouge, tête r. (*Rel. anc.*)

Important manuscrit de 4 ff. liminaires et de 800 pp. Cet ouvrage est transcrit de la main même de son auteur, M. Aumont, prêtre du séminaire des missions étrangères de Paris dans les débuts du XVIIIe siècle. Il est presque entièrement inédit. Cependant son possesseur à la date de 1918 a autorisé la parution dans les *Annales de la Société des Missions étrangères*, de la partie ayant trait au voyage de Paris à Saint-Malo.

328. MANUSCRIT DU XVIIIe SIÈCLE. — TOURNON (Cardinal de). Relazione di quanto e successo in Cina à Monsig le Carlo Ambrogio Mezza barda : in-4, vél. bl., fil. à froid sur les plats, avec fleurs de lys dorées aux coins et motif décoratif dor. au dos.

Important manuscrit de 91 pp. rédigé en italien sur la mission du Cardinal de Tournon, envoyé en Chine pour y promulguer le décret du Saint-Office, condamnant les rites chinois que toléraient les Jésuites.

329. MANUSCRIT DU XVIIIe SIÈCLE. — MISSIONS. Recueil de 16 pièces manuscrites sur les missions orientales au début du XVIIIe siècle In-4, bas. brune mouch., dos à nerfs orné avec pièce de titre rouge. (*Rel. anc.*)

Plusieurs de ces traités latins ont trait à l'affaire des « rites chinois ».
Au début du volume « Index omnium rerum et scripturarum quæ in hoc volumine continentur ».
Collation : 230 ff.

330. MARABAIL (capitaine Paul). Étude sur le Cercle de Cao-Bang. *Paris*, 1908; gr. in-8, br., IV-507 pp., 17 gravures et 6 cartes. Très intéressant.

331. MARCO POLO. Voyages. *Paris, Imprimerie d'Everat*, 1824; in-4, demi-bas. fauve, dos lisse orné, tr. marb.

Cet ouvrage bien complet, forme le premier volume du *Recueil de voyages et mémoires* publié par la Société de Géographie.
Exemplaire très frais.

332. MARGRY (Pierre). Les Navigations françaises et la Révolution maritime du XVe au XVIe siècle. *Paris, Tross*, 1867 ; in-12, br.

333. MARINI (El. P. Gio. Filippo, della Compagnia di Giesv). Delle Missioni de Padri della Compagnia di Giesv nella Prouincia del Giappone, e particolarmente di quella di Tunkino. *Roma, per N. A. Tinassi*, 1663 ; in-4, vélin à recouvrement.

Édition originale, rare, de cette relation ; elle est ornée d'un beau frontispice gravé sur cuivre par A. Clowet, et de trois planches, dont une grande en regard de la page 62 gravée par Campanili.
Léger raccomodage à une planche.
Collation : 7 f. n. c., 548 pp., 4 f. n. c., front et 3 pl.

334. MARINI (G. F. de). Delle missioni de padri de la Compagnia di Giesu. *Venetia*, 1665 ; 2 vol. in-12, parchemin blanc.

Parte prima : XXIV et 640 pp.
Parte seconda : 600 pp. et 5 ff. pour l'index.
Frontispice et curieuses figures hors texte, repliées.
Le frontispice est remonté et doublé. Trous de vers. Le premier volume est en reliure ancienne, le second en reliure moderne, légèrement rogné.

335. MARINI (P. Gio. Filippo de). Historia et relatione del Tvnchino e del Giappone con la vera Relatione ancora d'altri Regni, e Prouincie di quelle regioni, e del loro governo politico. Con le Missioni fatteui dalli Padri della Compagnia di Giésù et introdutione della fede Christiana, et Confutatione di diuerse Sette, d'Idolatri di quelli habitori. Divisa in cinqve libri. *Roma*, 1665 ; in-4, vél., 7 fnc., 548 pp., 3 fnc., 3 planches.

Bel exemplaire.

336. MARINI (Père Giovanni de). Histoire nouvelle et curieuse des royaumes de Tunquin et de Lao contenant une description exacte de leur origine, grandeur et estendue ; de leurs richesses et de leurs forces, etc..., ensemble la magnificence de la Cour des Roys de Tunquin et des Ceremonies qu'on observe à leurs Enterremens. Traduite de l'italien. *A Paris, chez Gervais Clousier*, 1666 ; in-4, veau brun, dos à nerfs orné. (*Rel. anc. restaurée.*)

Ouvrage recherché pour l'exactitude de documents curieux sur le Tonkin.
Collation : 2 ff. liminaires et 436 pp.

337. MARTINI (Martino). Sinicæ historiæ Decas Prima, Res a gentis origine ad Christum natum in extrema Asia, Sive Magno Sinarum Imperio gestas complexa. *Amstelœdami, apud Joannem Blaeu*, 1659 ; in-12, veau brun, dos à nerfs orné, tr. jasp. (*Rel. anc.*)

Première édition de la première partie (la seule qui ait paru) de l'Histoire chinoise du Père Martini. Ouvrage très documenté et recherché.
Réparations au dos et sur les plats de la reliure.
Collation : 413 pp. et 7 ff. (table).

338. MARTINIQUE. Réunion de treize gravures anciennes, vues d'optique, lithos, etc.

339. MARTINIQUE. Lettres autographes écrites de la Martinique en 1819. Ensemble 18 pages in-4.

On trouve, entre autres renseignements, l'indication de la forte secousse du tremblement de terre de Fort-Royal (Martinique) le 16 octobre 1819.

540. MARTYRE DE J.-C. CORNAY, prêtre du diocèse de Poitiers, décapité pour la Foi, au Tong-King le 20 septembre 1837.

Curieuse lithographie romantique portant au-dessous cette inscription : « Mon cher Père et ma très chère mère : Mon sang a déjà coulé dans les tourments et doit couler encore deux ou trois fois, avant que je n'aie les quatre membres et la tête coupée. La pensée de la peine que vous ressentirez quand vous lirez ces détails, m'a déjà fait verser des larmes : mais aussi la pensée que je serai dans le ciel à intercéder pour vous, quand vous lirez cette lettre, m'a consolé : ne plaignez pas le jour de ma mort ; il sera le plus heureux de ma vie, puisqu'il mettra un terme à mes souffrances, et fera commencer mon bonheur.

Mes tourments ne sont même pas absolument insupportables : on ne me frappe de nouveau sur les reins que lorsque les premières blessures sont cicatrisées. Je ne serai point tiraillé, ni déchiré comme M. Marchand ; et, en supposant qu'on me coupe les quatre membres, quatre hommes le feront à la fois et un cinquième coupera ma tête ; je n'aurai donc pas beaucoup à souffrir ; ainsi consolez-vous. Dans peu, mes souffrances seront terminées et je serai à vous attendre au ciel ».

541. MÉMOIRES DE LA CHINE (Anciens), touchant les Honneurs que les Chinois rendent à Confucius et aux Morts. *A Paris, chez Nicolas Pepie*, 1700 ; in-16, vél. bl., titre dor. au dos, tr. jasp. (*Rel. anc.*)

Recueil de pièces émanant de Dominicains et de Jésuites et favorables aux Jésuites dans l'affaire des rites chinois.
Collation : 4 ff., 278 pp., 1 f. (errata).

542. MERCURE (Le) Galant, contenant plusieurs histoires véritables et tout ce qui s'est passé depuis le premier janvier 1672 jusques au départ du Roy. *A Paris, chez Claude Barbin*, in-16, veau brun, dos à nerfs orné, tr. jasp. (*Rel. anc.*)

Première année de cette célèbre publication qui se continua jusqu'à la fin du XVIIIe siècle.
Piqûres de vers au dos de la reliure.

543. MISSIONS. De illustrissimis viris P. P. Petro martyre Sansio Episcopo Mauricastrensi, et Francisco Serrano Electo Episcopo Tipositanorum, deque P. P. Johanne Alcobero, Joachimo Royo, et Francisco Diazio ordinis praedicatorum Fo-chei in Fo-Kiena Sinarum Provincia Martyrio perfunctis commentarius. *Rome, Mainardi*, 1753 ; in-8, vél. bl., tét. dor., tr. marb.

Histoire des martyrs des premières missions Chinoises.
Collation : 4 ff. liminaires et 376 pp.

544. MISSIONS EN CHINE, TONKIN ET COCHINCHINE. Estratto delle lettere originali scritte in idioma francese dai vicari apostolici, e missionari della Cina, Tunkino, Cochinchina, etc.... Sullo stado di quelle missioni : *Roma, nella stamperia Salomoni*, 1806 ; 2 vol. pet. in-8, demi-chag. olive, tr. marb. (*Rel. mod.*)

Édition originale. Bel exemplaire.
Tome I : XVI et 256 pages ch.
Tome II : 240 pages ch.
Cachets-ex-libris sur les titres.

545. MISSIONS EN CHINE. Précis des nouvelles contenues dans les Lettres des Missionnaires de la Chine, du Tong-king et de la Cochinchine, écrites en 1819 et 1820, reçues à Paris en 1820, 1821 et 1822. 2 brochures in-12 de 16 et 14 pp., couv. muet., pap. blou.

346. MISSIONS EN CHINE. Mémoires de la Congrégation de la Mission. (Lazaristes). — La Congrégation de la Mission en Chine. Nouvelle édition... continuée. 3 vol. — Répertoire historique... et Table générale des Annales de la Congrégation de la Mission. 1 vol. *Paris*, 1900-1912; ens. 4 vol. in-8, cart. demi-bradel, toile verte, tr. mouch., couv. cons.

Cartes et figures.

347. MISSION PAVIE. Indochine 1879-1895. Géographie et voyages. 7 vol. — Etudes diverses. 3 vol. — Atlas. 1 vol. *Paris*, *Leroux*; ens. 11 vol. in-4, brochés (couv. défraîchies).

Très nombreuses et jolies illustrations en couleurs et en noir.

348. MISSIONS FRANCISCAINES. Histoire universelle des missions franciscaines d'après le T. R. P. Marcellin de Civezza.... Asie : 2 vol. — Terre Sainte : 2 vol. *Paris*, *Tobra*, 1898-99; ens. 4 vol. in-8, cart. brad. demi-toile brique, tr. mouch., couv. cons.

349. MISSION LYONNAISE (La) d'exploration commerciale en Chine, 1895-97. Avec cartes, plans et gravures d'après les documents rapportés par la mission. *Lyon*, *Rey*, 1898; in-4, broché.

350. MISSIONS. Nouveau coup-d'œil sur l'Œuvre de la propagation de la Foi. *Lyon*, *Paris*, *aux bureaux de l'Œuvre*, 1847; in-8, demi-mar. vert, dos orné, encadrement de dent. dor. sur la toile des plats, tr. dor. (*Rel. romant.*)

Collation : 2 ff. liminaires, 576 pp.

351. MOERENHOUT (J. A.). Voyages aux îles du grand Océan, contenant des documens nouveaux sur la géographie physique et politique, la langue, la littérature, la religion, les mœurs, les usages et les coutumes de leurs habitans.... Ouvrage orné d'une carte et de planches lithographiées. *Paris*, *Arthus Bertrand*, 1837; 2 vol. in-8, demi-mar. olive à long grain, dos à nerfs ornés de dent. dor. et fleur. à froid, couv. cons. (*Rel. de l'époque.*)

Jolies planches lithographiées hors texte et grande carte repliée.

352. MONT-ROND (Maxime de). Missions du Levant, d'Asie et de la Chine. Lettres, récits et fragments divers extraits des annales de la Propagation de la Foi et précédés d'une introduction. Deuxième édition. *Lille*, *Lefort*, 1853; in-12, demi-chag. marron, dos à nerfs jans., têt. jasp. (*Rel. mod.*)

Frontispice gravé non signé. Quelques rousseurs.

353. MOREAU DE JONNÈS (M. A.). Aventures de guerre au temps de la République et du Consulat. *Paris*, *Pagnerre*, 1858; 2 vol. gr. in-8, demi-mar. vert à coins, dos ornés de fleur. dor., têtes dor., non rognés.

Édition originale, très rare, de ces mémoires très recherchés. — Moreau de Jonnès prit part au siège de Toulon, puis la défense de la Martinique, à la suite de laquelle, fait prisonnier, il passa cinq années sur les pontons anglais. A la première Restauration, il fut de nouveau envoyé à la Martinique qu'il quitta pour prendre du service à l'armée de la Loire. Au retour de Louis XVIII, il fut attaché au ministère du Commerce et nommé membre de l'Institut. — Il mourut en 1870, à l'âge de 92 ans.

354. MOREAU DE SAINT-MÉRY. Description topographique, physique, civile, politique et historique de la partie française de l'Isle de Saint-Domingue par M. L. E. Moreau de Saint-Méry. *A Philadelphie*, *chez l'auteur*

et à Paris, chez Dupont, 1797-1798 ; 2 vol. in-4, bas. marb., dos orné, tr. jasp. (*Rel. anc. un peu usagée.*)

En frontispice, belle carte gravée pliée. P. 700 du tome I, relation sur le « Mal de Siam ».
Collation : 10 ff. liminaires et 788 pp.
1 carte.
1 planche, 4 ff. liminaires et 856 pp.

555. MOUHOT (H.). Travels in the central parts of Indo-China (Siam), Cambodia, and Laos, during the years 1858, 1859 and 1860. *London, Murray*, 1864 ; 2 vol. in-8, cart. vert de l'éditeur.

Nombreuses illustrations hors texte, cartes, la plupart repliées.

556. MOURA (J.). Le royaume du Cambodge. *Paris*, 1885 ; 2 vol. gr. in-8, chag. rouge, tr. mouch.

Figures et carte.

557. NANTEL (Abbé). Les fleurs de la poésie canadienne. *Montréal, Beauchemin*, 1896 ; in-8, cart. brad. demi-toile verte, tr. mouch.

Seconde édition, en partie originale

558. NAVAMUEL (Fr. Juan), dominico. Cueba | de Santo Domingo, en Segovia, | mystica Jerusalem, y sagrado Calvario | del Patriarcha Santissimo : | y frutos cogidos por sus meritos, | y en especial por los de la fangre, que dessamo en ella, | ya en los nuevos martyres de Tunkin, | el venerable Padre Fray Matheo Alonso de Lecmiana, y su compañero | el venerable Padre F. Francisco Federich, del Orden de Predicadores, | y de la Provincia del Santissimo Rosario de Philipinas, | ya en otros heroes... *Madrid, Imprenta de D. Fernandez Arrojo*, 1752 ; in-4, bas. rose marb. (*Rel. mod.*)

16 ff. n. ch., 202 pp., 7 ff. d'indice.
Très rare, et recherché.
Ouvrage de grand intérêt pour l'histoire des martyrs de la province des Philippines.
Quelques rousseurs.

559. NGUYEN-PHAN-LONG. Le Roman de Mademoiselle Lys (Journal d'une jeune fille Cochinchinoise moderne). Essai sur l'évolution des mœurs annamites contemporaines. *Hanoï, imprimerie tonkinoise*, 1921 ; in-8, broché.

Édition originale de ce roman français d'un auteur annamite, qui, ainsi que le dit un article critique joint au volume, *marque une date dans la littérature indochinoise*. Le volume est imprimé à Saïgon, selon la forme classique du livre chinois, sur papier leger plié sur la tranche.

560. NGUYEN-TRONG-HIEP. Paris capitale de la France. Recueil de vers. *Hanoï, Schneider*, 1897 ; gr. in-8, cart., couv. cons.

Texte et traduction française de vers annamites sur Paris.
Rare et curieux.

561. NIEUHOFF (Jean). L'Ambassade de la Compagnie orientale des provinces unies vers l'Empereur de la Chine ou grand Cam de Tartarie, faite par les Srs Pierre de Goyer et Jacob de Keyser, mis en françois, orné et assorti de mille belles particularitez tant morales que politiques, par Jean le

Carpentier. *A Leyde, pour Jacob de Meurs*, 1665, 2 t. en 1 vol. in-fol., veau brun, dos à nerfs orné, tr. jasp. (*Rel. anc.*)

Première traduction française parue la même année que l'édition originale hollandaise dont elle reproduit les très nombreuses figures gravées.
Titre frontispice gravé.
L'ouvrage est dédié à Colbert; en frontispice, superbe portrait gravé de ce ministre.
Légère réparation dans le haut du coin gauche atteignant 8 ff.

562. NORBERT (R.-P.). Mémoires historiques présentés au Souverain Pontife Benoit XIV sur les Missions des Indes Orientales, où l'on fait voir que les PP. Capucins Missionnaires, ont eu raison de se séparer de communion des RR. PP. Missionnaires Jésuites qui ont refusé de se soumettre au décret de M. le Cardinal de Tournon... contre les rits malabares. *Luques, Marescandoli*, 1744; 2 vol. petit in-4, bas. marb., dos à nerfs ornés de fleur. dor., tr. rouges. (*Rel. anc.*)

1 f. de titre, XX pp. prél., 603 pp. de texte, XXVI pp. de tables, 1 f. d'errata pour le tome I: 524 pp. pour la partie II et 1 ff. de titre spécial et 224 pp. pour la partie III.

563. NORDENSKIOLD (A.-E). [Vol. I]. FAC-SIMILE ATLAS to the early history of cartography with reproductions of the most important maps printed in the XV and XVI centuries. Translated from the swedish original by Johan A. Ekelof... *Stockholm*, 1889; — [Vol. II] PERIPLUS, an Essay on the early History of Charts and Sailing-Directions, translated from the Swedish original by Francis A. Bather, with numerous reproductions of old Charts and Maps. *Stockholm*, 1897. Ens. 2 vol. gr. in-fol., demi-maroq. chag. à coins, boîte-étui de bois.

Superbe et précieux ouvrage, très recherché.
Le premier volume contient cinquante et une grandes cartes doubles dans le texte, reproduisant les plus rares et les plus importantes cartes qui furent imprimées au cours des XVe et XVIe siècles. C'est un admirable travail scientifique, le meilleur qui existe sur ce sujet. Le second volume contient soixante grandes cartes hors texte et cent cartes dans le texte concernant les premières cartes manuscrites et les Portulans.

564. NOUVEAUX MÉMOIRES DES MISSIONS de la Compagnie de Jésus dans le Levant. *A Paris, chez Nicolas Leclerc*, 1715-17, 2 vol. in-12, veau brun, dos à nerfs orné avec pièce de titre rouge, tr. jasp. (*Rel. anc.*)

La première de ces lettres est signée du Père Tarillon.
Le reste de l'ouvrage et sa publication sont attribués au Père Fleuriau.
Le second volume a trait aux missions d'Egypte. Il est orné d'une carte pliée et gravée (en partie déchirée) et de cinq planches pliées gravées, représentant des monuments égyptiens.
Quelques mouillures.

565. EXTRAIT des Nouvelles des Missions des Indes Orientales reçues au Séminaire des Missions étrangères. *Paris*, 1785, broché.

45 pp. et 5 pp. n. ch.

566. NOUVELLES DES MISSIONS Orientales, reçues au Séminaires des Missions étrangères à Paris en 1785-1786. *Amsterdam et Paris, Hérissant* 1787, 2 t. en 1 vol. in-12, bas. jaspé, dos orné. (*Rel. anc.*)

Traite à peu près uniquement de la Chine et du Tonquin.
Légères piqûres de vers.

567. NOUVELLES DES MISSIONS Orientales, reçues au Séminaire des Missions étrangères à Paris, en 1787 et 1788. *Paris, Crapart*, 1789; 2 part. en 1 vol. in-12, bas. marbr., dos à nerfs, orné, tr. rouges. (*Rel. de l'époque.*)

Intéressant pour l'histoire de la Chine, du Tonkin, Cochinchine, Siam.
Coiffe supérieure légèrement fatiguée.

568. NOUVELLES DES MISSIONS Orientales, reçues au Séminaire des Missions étrangères à Paris. en 1782, 1791, 1792. Pouvant servir de suite aux lettres édifiantes des Missionnaires de la Compagnie de Jésus. *Liége*, 1794; 1 vol. in-12, bas. marb.

Bel exemplaire de ce rare et intéressant ouvrage.

569. NOUVELLES DES MISSIONS Orientales, reçues à Londres par les directeurs du Séminaire des Missions étrangères en 1793, 1794, 1795 et 1796, pouvant service de suite aux lettres édifiantes des Missionnaires de la Compagnie de Jésus. *Londres, Coghlan*, 1797; in-12, veau hav., dos orné. (*Rel. mod.*)

XII et 319 pp.

570. NOUVELLES DES MISSIONS orientales reçues à Rome depuis l'an 1794 jusqu'en 1807 inclusivement. *Lyon, Rusand*, 1808; in-12, bas. brune, décors dor., non rog. (*Rel. mod.*)

VIII + 252 pp.
Très bel exemplaire, non rogné.

571. OCÉAN PACIFIQUE. A Missionary voyage to the southern pacific Ocean, performed in the years, 1796, 1797, 1798 in the ship Duff commanded by captain James Wilson. Compiled from journals of the officers and the missionaries, and illustrated with maps, charts and views drawn by Mr. William Wilson, and engraved by the most eminent artists...., etc. *London, Chapman*, 1799; in-4, demi-chag. vert à coins, dos à nerfs jans. (*Rel. mod.*)

Ouvrage orné de treize planches gravées hors texte, d'après Wilson, par Landseer et Pancros, dont sept cartes.
Collation : 6 ff. liminaires, C pp., 409 pp. et les planches.

572. OCÉANIE, TAHITI. Dix gravures, dont quelques-unes coloriées, reproductions diverses, etc.

573. OLD NICK (E. Daurand-Forgues). La Chine ouverte. Aventures d'un Fan-Karei dans le pays de Tsin. Ouvrage illustré, par Auguste Borget; in-8. (*Cart. d'édit.*)

Premier tirage des illustrations.
Collation : VI pp. et 396 pp. Cinquante planches hors texte.
Ouvrage recherché tant par les historiens que par les amateurs d'estampes extrême-orientales. Rare.

574. ORDONEZ DE CEVALLOS (P.). Viage del mundo. *Madrid, Sanchez*, 1614; in-4, mar. rouge, encad. de milieu avec fleur. d'angles, 3 fil. dor., dos à nerf, orné, dent. int., tr. dor. (*Petit.*)

Édition originale fort rare, ornée du portrait de l'auteur, gravé sur bois. Il en existe une deuxième de 1691. Aucune de ces éditions n'était connue à Nic. Antonio. *Baucher de la Richardie* dans sa *Bibl. des Voyages*, dit « qu'il est fort douteux que ce voyageur eût réellement fait un voyage autour du globe... » Pour résoudre ce problème, il faudrait pouvoir se procurer ce voyage dont je ne connais que le titre.
Or, cet ouvrage contient des notices et des descriptions fort curieuses des *Indes Orientales* et *Occidentales*. (Voir Salva, n° 3801.)
Très bel exemplaire.

TROISIÈME VACATION

A la fin de chaque vacation seront vendus de très bons livres non catalogués.

375. ORDONNANCES et règlements, concernant la Marine. *A Nantes, Brun*, 1786; in-8, demi-bas. brune, dos orné avec pièce de titre claire, tr. jaunes. (*Rel. anc.*)

376. ORDONNANCE du Roi concernant son Régiment d'Infanterie du 12 janvier 1765. — Ordonnance du Roi portant établissement d'une Masse affectée aux recrues des Régiments d'Infanterie françoise, Cavalerie, Dragons et Troupes légères du 1er janvier 1768. — Ordonnances concernant la Marine du 1er janvier 1786. *A Metz, J.-B. Collignon*, 1786, 3 vol. in-12, cart. bleu, dos ornés avec pièces de titre claires, tr. r. (*Rel. anc.*)

377. ORLÉANS (Père d'). Histoire de M. Constance, premier ministre du Roy de Siam et de la dernière révolution de cet état. *Tours, Masson et Paris, Horthemels*, 1690; in-12, veau brun, dos à nerfs, orné, tr. mouch. (*Rel. de l'époque.*)

Edition originale.
18 ff. lim., 244 pp. et 2 ff.

378. ORLÉANS (Père d'). Histoire de Monsieur Constance.... *A Paris, chez Daniel Horthemels*, 1692, in-24, demi-chag. rouge, tr. marb., dos à nerfs. (*Rel. mod.*)

Collation : 8 ff. liminaires et 192 pp.

379. ORLÉANS (Père d'). Histoire de M. Constance.... *Lyon, Duplain*, 1754; in-16, veau marb., dos orné avec pièce de titre rouge, tr. jasp. (*Rel. anc.*)

Collation : 14 ff. (titre, préface et avertissement) et 233 pp.

380. ORLÉANS (Père Joseph d'). Storia del Signor Costanzo Veneziana... Tradotta dal' Francese. *In Venezia, appresso Giovanni Tevernin*, 1758, in-12. (*Cart. anc.*)

En frontispice portrait de Constance Phaulkon, en annamite, gravé par Leonardis.
Collation : 8 ff. liminaires et 107 pp.

381. [PHAULKON (Constance)]. A Full and True Relation of the Great and Wonderful Revolution that hapned lately in the Kingdom of Siam in the East-Indies.... As also of the pytting to Death of the King's only Daughter, his adopted son who was a christian, his two Brothers; and of Monsieur Constance, his great Minister of State, and Favourer of the French. *London, Randal Taylor*, 1690; petit in-4, demi-mar. clair à coins, dos orné. (*Rel. mod.*)

Pamphlet anglais sur la révolution siammoise qui suivit la mort de l'aventurier grec Phaulkon et l'établissement des Francais en Siam.
Collation : 6 ff. liminaires et 22 pp.

382. PHAULKON (Constance). A full and True Relation of the great and Wonderful Revolution that happened lately in the Kingdom of Siam in the East-Indies, etc... *S. l.* (1745); in-fol. (*Cart. mod.*)

Impression à deux colonnes.

583. ORLÉANS (Père d'). Instruction chrétienne sur la dévotion à la Sainte-Vierge. *Paris, J. Anisson*, 1696; in-12, 262 pp. ch., veau brun, dos orné de fleur. dor., petites armes du Dauphin à la coiffe inférieure, tr. mouch. *Rel. anc.)*

Edition originale.

584. ORTÉLIUS (Abrah.). Synonymia geographica, sive populorum, regionum, insularum, urbium, etc.... *Antverpiae, Ch. Plantin*, 1578; petit in-4, dos et coins vélin mod., non rogné.

Première édition de ce bon dictionnaire de géographie réimprimé ensuite sous le titre *Thesaurus Geographicus*...
4 ff. prél., 417 pp. chiffrées seulement à partir de la page 49; 1 page de privilège et 1 f. pour l'achevé d'imprimer avec verso blanc.
Rousseurs.

585. ORTELIUS (Abraham). Thesaurus Geographicus recognitus et auctus. *Antverpiae, ex offic. plantiniana*, 1596; in-fol., parchemin blanc jans., dos à nerfs. (*Rel. de l'époque.*)

Excellente édition de ce dictionnaire de géographie ancienne. Titre gravé. Au verso du dernier f., la belle marque de l'imprimeur.
Rousseurs. Coiffe inférieure légèrement endommagée.

586. PAGES INDOCHINOISES (Les). Années 1923-24-25 et plusieurs numéros de 1926. In-4, fascicules brochés.

Nombreuses et belles illustrations.

587. PAGÈS (Léon). Histoire de la religion chrétienne depuis 1598 jusqu'à 1651 comprenant les faits relatifs aux deux cent cinq martyrs béatifiés le 7 juillet 1867. *Paris, Donniol*, 1869; 2 vol. in-8, veau clair, triple fil. dor. sur les plats, dent. intér., dos à nerfs ornés avec pièces de titre rouges et pièces de tomaison vertes. (*Rel. de l'époque.*)

Quelques rousseurs.

588. PAJOT (Elie). Simples renseignements sur l'île Bourbon. *Saint-Denis, Damotte*, 1878; in-8, cart. toile grenat, tr. mouch.

Edition originale.

589. PALLEGOIX (Mgr). Description du Royaume Thai ou Siam comprenant la topographie, histoire naturelle, mœurs et coutumes, législation, etc..., avec cartes et gravures. *Paris*, 1854; 2 vol. in-12, demi-bas. marbr., dos à nerfs avec pièces de titres et de tomaisons grenat, têt. dor., couv. cons.

590. PALLU (Messire François). Relation abrégée des Missions et des Voyages des Evesques françois, envoyez aux Royaumes de la Chine, Cochinchine, Tonquin et Siam. *Paris, D. Bechet*, 1668; in-8, veau, 6 fnc., 148 pp. *Relation rare.*

591. PALLU (Léopold). Histoire de l'expédition de Cochinchine en 1861. *Paris, Hachette*, 1864; in-8, demi-mar. rouge à coins, dos orné de fleur. dor., tête dor., non rogné.

Édition originale ornée de trois cartes. La 1re page porte de longues *annotations autographes* de l'auteur (nom du destinataire gratté).

392. PALLU DE LA BARRIÈRE (Léopold). Histoire de l'expédition de Cochinchine en 1861.... Nouvelle édition avec une carte et deux croquis. *Paris et Nancy, Berger-Levrault*, 1888; in-8, demi-mar. rouge à coins, dos à nerfs, tête dor., non rogné, premier plat de la couv. cons.

393. [PARISOT] (R.-P. Pierre NORBERT). Memorie istoriche presentate al sommo pontefice Benedetto XIV, intorno alle missioni dell' Indie orientali. In cui dassi a divedere, che i PP. Cappucini Missionari hanno avuto motivo di separarsi di comunione da i RR. PP. Missionari Gesuiti, per aver essi ricusato di sottomersi al decreto dell' Eminentissimo Cardinale di Tournon, Legato della Santa Sede. Opera del R. P. Norberto cappucino Lorenese. Per servir di regolà a missionarj di quel paese. *In Lucca, per Marescandoli*, 1744; 2 vol. in-4, n. r. (*Cart. anc.*)

Édition originale parue à Avignon sur la rubrique de Lucques de cette violente diatribe contre les Jésuites. Rare.
Collation : 25 ff. liminaires et 592 pp.; 321 pp., 2 ff., 224 pp. et 70 pp.

394. [PERRAULT (Nicolas)]. La Morale des Jesuites extraite fidelement de leurs livres imprimez avec la permission et l'approbation des superieurs de leur compagnie par un docteur en Sorbonne. *A Mons, chez la Vefve Waudret*, 1667; in-4, veau brun, dos à nerfs orné, tr. jasp. (*Rel. anc.*)

Édition originale.
Collation : 20 ff. liminaires, 755 pp. et 1 f. (errata.)

395. PERSÉCUTIONS EN COCHINCHINE. Récit abrégé de la dernière persécution de la religion chrétienne dans la Cochinchine. Par un missionnaire de ce royaume-là. *Paris, veuve Thiboust*, 1703; pet. in-12, demi-bas. rouge mod.

Rarissime. Édition originale. Petite réparation au titre.
4 ff. prél., 120 pp. ch. et 2 ff. de Privilège.

396. PERSÉCUTIONS. — COLLADI. Relazione dell' Ultima persecuzione eccitata contra i cristiani nella Concincina tratta da lettere autentiche scritte da quel regno dal P. Ulderico da Colladi. *Roma, nel collegio Urbano*, 1835; in-8, demi-bas. marb., pièce de titre grenat au dos, tr. marb. (*Rel. mod.*)

Collation : 1 planche gravée et XVI pp.

397. PERSÉCUTIONS. Relazioni di Alcuni martirj accaduti nel Tonkino. *Roma, Gismondi*, 1840; in-8, demi-bas. marb., pièce de titre grenat au dos, couv. cons. (*Rel. mod.*)

Collation : 8 pages.

398. PERSÉCUTIONS. Carta en que se refieren varios martirios y persecucion de la Mission, que la Provinci del Santissimo Rosario del Orden de Predicadores de estas Islas tiene en el Reyno de Tunkin; y es prosecucion esta de la que se imprimio en el año pasado. Escritta par el R. P. Domingo Marti. *En Sto Thomas de Manila par D. Candida Lopez*, 1840; in-12, bas. mouch., dos à nerf orné avec pièce de titre rouge, tr. jasp. (*Rel. mod.*)

Collation : 71 pages.

399. PERSÉCUTIONS. — HERMOSILLA. Relazione della persecuzione contra la Religione Cristiana e della gloriosa morte del vicario apostolico del Tonkino orientale del coadjutore, ed altri missionarij uccisi in odio della fede nell' anno 1838. *Roma, presso Angelo Ajani,* 1840; in-8, demi-bas. marb., pièce de titre grenat au dos, tr. marb. (*Rel. mod.*)

Cette relation sous forme de lettre est l'œuvre du frère Hermosilla délégué au Tonkin oriental.
Collation : 27 pages.

400. PERSÉCUTIONS. Raccolta di Documenti autentici intorno alla persecuzione della religione cristiana nell' impero annamitico dall' anno 1859 al 1862. *Roma,* 1863; in-8, demi-chag. marron, dos à nerfs orné, tr. marb., couv. muette cons.

Documents rassemblés par le Père Fabi Montani.

401. PHILIPPE (P. Esprit Julien). Itinerarium Orientale in quo varii successus itineris, plures orientis regiones; earum montes, Maria et Flumina, series Principum, qui in eis dominati sunt, Incolæ tam Christiani, quam infideles populi. Animalia, arbores, plantæ et fructus; religiosorum in oriente missiones, ac varii celebres eventus describuntur. *Lugduni, sumptibus Antonii Jullieron,* 1649; in-12, bas. mouch., dos à nerfs orné, tr. jasp. (*Rel. anc.*)

Quelques rousseurs.
Collation : 8 ff. liminaires et 431 pages.

402. PINEYRO (P. Luys). Relacion del successo que tuvo nuestra Santa Fe en los reynos del Japon, desde el ano de seyscientos y doze hasta el de seyscientos y quinze, Imperando Cubosama. Dirigida a la maiestad catholica del Rey Filippo Tercero nuestro señor. *Madrid, viuda de Alonso Martin de Balboa,* 1617; in-fol., vélin blanc moderne, tr. dor.

8 fnc., titre compris, 516 pp., index 4 fnc. — Relation importante et très rare. Bel exemplaire.

403. PINEYRO (R.-P. Louis). La Nouvelle histoire du Japon divisée en cinq livres, où il est traicté amplement de l'Estat de sa Chrestienté, du progrès de la foy Catholique, des grandes persécutions qui y sont arrivées aux chretiens, et des divers Martyres qu'un grand nombre, tant religieux que séculiers, ont souffert soubs l'Empire de Cobusama, jusques à l'année mil six cens quinze. *A Paris, chez Jean Foüet,* 1618; fort vol in-12, bas. marb., dos à nerfs orné avec pièce de titre rouge, tr. jasp. (*Rel. anc.*)

Première édition de la traduction. Ouvrage très rare. L'édition originale parut en espagnol en 1617 (Alegambe, Anvers, 1643: in-fol., p. 313, col. 2). A la fin du volume « Catalogue de ceux qui ont esté martyrisez au Japon depuis l'an 1574 jusqu'à l'année 1615 » et liste des maisons construites par les Pères au Japon et perdues pendant les persécutions.
Collation : 8 ff. liminaires, 879 pp. et 5 ff.

404. PINTO (Fernan Mendez). Historia Oriental de las peregrinaciones de Fernan Mendez Pinto, portugues, adonde e escriven muchas, y muy estrañas cosas que vio, y oyo en los Reynos de la China, Tartaria, Sornao que vulgarmente se llama Siam, Calamiñam, Pegun, Martavan etc.... Traduzido de portugues en castellano por el licenciado Francisco de Herrera Maldonado. *En Madrid, Por Thomas Junti,* 1620; pet. in-fol. veau clair, triple

fil. dor. sur les plats, avec motif décoratif au centre et à chaque coin, dos à nerfs orné, tr. dor. (*Rel. anc. restaurée.*)

Impression sur deux colonnes. Bonne traduction espagnole de l'Histoire orientale de Pinto que les Portugais considèrent non seulement comme un grand voyageur, mais comme leur premier prosateur.

405. PINTO (Fernand Mendez). Les Voyages advantureux de Fernand Mendez Pinto, fidèlement traduicts de Portugais en François par le Sieur Bernard Figuier. *A Paris, chez Mathurin Hénault*, 1628: in-8, demi-bas. marb., dos à nerfs orné, avec pièce de titre rouge, tr. r. (*Rel. mod.*)

Première édition de la traduction. Ouvrage recherché et très rare. Quelques rousseurs.
Collation : 8 ff. liminaires, 1193 pp. et 7 ff.

406. POÉSIES CRÉOLES, par M. P. L., dédiées à MM. A. de Rochechouste et E. de Chazal. *Maurice, Imprimerie du Mauricien*, 1855; in-8, cart. cuir noir, fil. dor., tr. mouch.

Livre fort rare. Édition originale. Envoi autographe de l'auteur.

407. [POIVRE (Pierre)]. Voyages d'un Philosophe ou observations sur les Mœurs et les Arts des peuples de l'Afrique, de l'Asie et de l'Amérique. *A Yverdon*, 1768; in-16, demi-bas., dos orné avec pièce de titre rouge, tr. jasp. (*Rel. anc.*)

Édition originale de ce recueil d'études du savant et courageux colon.
Collation : 142 pages.

408. POIVRE (Pierre). Voyages d'un philosophe. *A Maestricht, chez Jean-Edme Dufour et Philippe Roux*, 1789; in-12, demi-bas. claire à coins, dos à nerfs orné avec pièce de titre orange, tr. jaunes. (*Rel. anc.*)

Seconde édition.
Collation : 1 f. (faux titre) et 154 pages.

409. POIVRE (Pierre). Voyages d'un Philosophe. *A Paris, chez du Pont*, An II (1795); in-16 (*Cart. mod.*)

Édition augmentée « d'une Notice sur la Vie de l'Auteur, et deux de ses discours aux Habitans et au Conseil-Superieur de l'Isle de France ».
Collation : 2 ff. liminaires, XCIV pp. et 200 pages.

410. POIVRE (Pierre). Œuvres complettes de P. Poivre, intendant des Isles de France et de Bourbon, correspondant de l'Académie des Sciences, etc., précédées de sa vie et accompagnées de notes. *Paris, Fuchs*, 1797; pet. in-8, bas. brune, dos orné avec pièce de titre rouge, tr. jasp. (*Rel. anc.*)

Intéressants récits de ce célèbre colonisateur.
Collation : 2 ff. liminaires y compris le titre et 510 pages.

411. POIVRE. Notice sur la Vie de M. Poivre. *Philadelphie et Paris. Moutard*, 1786. In-8, demi-bas. marb., dos à nerfs orné avec pièce de titre rouge, têt. r. (*Rel. mod.*)

On a intercalé en frontispice un portrait de Poivre datant de l'époque romantique gravé par Conquy.
Collation : 3 ff. liminaires, 78 pp. et 1 f. (errata).

412. POMARÉ IV (Aïmata), *reine de Tahiti*, sous le règne de laquelle les Français s'établirent à Tahiti. — *Lettre entièrement autographe*, datée de Papeete, 27 mai 1848. 1 page in-4, et deux signatures autographes. Documents joints.

413. PONCHALON (Henri de). Indo-Chine. Souvenirs de voyage et de campagne (1858-1860). *Tours*, 1896. Grand in-8, 356 pp., portraits, gravures, cartes et plans, demi-chag. rouge.

414. PONDICHÉRY. — DALRYMPLE (Colonel). Réunion de dix-sept très belles et importantes *lettres autographes*, signées et datées de Pondichéry, 1784, du colonel Dabrymple à Lord Macartney, relatives pour la plupart à l'offre proposée par la France de céder les deux forts de Trinquemaly en échange de Pondichéry. On y a joint la copie d'une lettre du Concile de Madras au Colonel Dalrymple sur le même sujet et divers documents. Au total 23 pièces.

415. PONDICHÉRY. Réunion de 27 gravures, lithos, vues d'optique, plans anciens, etc.

416. [POUCHOT DE CHANTASSIN]. Relation du voyage et retour des Indes Orientales pendant les années 1690 et 1691, par un garde de la marine, servant sur le bord de Monsieur DUQUESNE. *Paris*, *Coignard*, 1692; in-12, veau brun, dos orné, tr. mouch. (*Rel. anc.*)

Édition originale. Excellente relation de l'expédition de Duquesne aux Indes. 6 ff. prél., 332 pp. ch.

417. PREMIÈRES IMPRESSIONS D'INDOCHINE. LAOS (Journal officiel du). Réunion des nos 1, 2, 3, 6, 7, 8; septembre-décembre 1923. — BULLETIN ADMINISTRATIF DU LAOS. Le no 1, paru en janvier 1912, à Vientiane.

418. PREMIÈRES IMPRESSIONS DE COCHINCHINE. Réunion de quatre brochures imprimées à Mytho, en 1923. Nam quac le nghia Huan Tuc-Lu'o'ng-Khac-Ninh tu du thuc. (Préceptes de morale par Luonh-Khac-hinh, conseiller privé, imprimeur à Saïgon et Mytho). Ens. 4 brochures in-12. couv. imp.

Ces impressions sont les quatre premières de Mytho.

419. PRENTOUT (Henri). L'Ile de France sous Decaen, 1803-1810. Essai sur la politique coloniale du Premier Empire et la rivalité de la France et de l'Angleterre dans les Indes Orientales. *Paris*, *Hachette*, 1901; in-8, demi-chag. vert, tr. mouch., couv cons.

Portrait-frontispice.

420. [QUERBOEUF (Père de)]. Nouvelles lettres édifiantes des Missions de la Chine et des Indes Orientales. *A Paris*, *Adrien Le Clère*, 1818-1823; 8 vol. in-12, demi-bas. marb., dos à nerfs ornés avec pièces de titre et de tomaison grenat, têt. dor., couv. cons. (*Rel. mod.*)

Excellente édition en bon état. Nombreux documents sur les Missions. Au tome VIII, détails sur la Cochinchine.

421. RAMEAU (E.). La France aux colonies. — Les Français en Amérique, Acadiens et Canadiens. *Paris*, *Jouby*, 1859; in-8, demi-bas. rouge, tr. mouch.

Édition originale. Rousseurs.

422. RECLUS (Élisée). Nouvelle géographie universelle. La Terre et les Hommes. *Paris*, *Hachette*, 1876-1894; 19 vol. in-4, demi-chag. noir, pièces titre mar. vert, tr. mouch.

Nombreuses illustrations et cartes hors texte et dans le texte. On a joint : *Reclus* : La Terre, 2 vol.

423. **RECUEIL** de pièces diverses et curieuses. *Paris et Lyon*, 1601-1628, 20 pièces en 1 vol. pet. in-8, vélin. (*Rel. anc.*)

Recueil de pièces publiées la plupart pendant le règne de Louis XIII.

1° Le Mot à l'oreille de M. le Marquis de la Vieville, 1624, 32 pp. ; 2° Réponse au mot à l'oreille, 1624, 64 pp. ; 3° Le Diogène françois, 16 pp. ; 4° Le Prince de Corse, 1624, 10 pp. ; 5° Arrest de la Cour des Aydes en faveur de ceux qui tiennent pensionnaires au mois et à l'année, 1624, 8 pp. ; 6° Arrest de la Cour de Parlement pour les dixmes, 1624, 6 pp. ; 7° Response du Roy faictes aux remonstrances présentées à leurs Majestés par le Sr Edmondes, 1615, 12 pp. ; 8° Harangue faicte au Roy, par les députez du Synode National des Eglises prétendues réformées de France, 1617, 8 pp. ; 9° Discours en forme d'Apologie succinctes pour les Pères Cordeliers et autres religieux, mendians, 1622, 30 pp. ; 10° Le Grand Couvent des Cordeliers de Paris, 7 pp. ; 11° L'Innocence des Pères Cordeliers, 5 pp. ; 12° Les Œufs de Pasques, au Ministre du Moulin, 1648, 16 pp. ; 13° Le Hibou des Jésuites, 1624, 30 pp. ; 14° ADVIS CERTAIN D'UNE PLUS AMPLE DÉCOUVERTE DU ROYAUME DE CATAÏ, AVEC QUELQUES AUTRES PARTICULARITEZ DE LA COSTE DE COCINCINA, 1628, 28 PP. ; 15° Arrest de la Cour de Tolose, contre le duc de Rohan, 1628, 13 pp. ; 16° Lettre de Mme de Chalais, la mère, 1626 ; 7 pp. ; 17° Epistre d'Ovide mise nouvellement en françois, 1622, 16 pp. ; 18° Harangue faicte à la Royne, par M. du Vair, 1601, 10 pp. ; 19° Remerciement au Roy sur la délivrance de M. le Prince, 1619, 23 pp ; 20° Anticourtisan, ou Deffence du Droit annuel contre les inconvénients que les courtisans lui imputent, 126 pp. (1 *folio manuscrit*). Manquent : titre et folio final.

Ce recueil où se trouvent quelques pièces très rares est dans un état de conservation parfaite, malgré une légère mouillure au premier feuillet.

424. **RECUEIL DES LETTRES** des évêques et des missionnaires des Missions des Deux-Mondes, publié par l'Association de la Propagation de la Foi, faisant suite à toutes les éditions des lettres édifiantes. *Louvain, Vanlinthout et Vandensonde*, 1825 ; in-8, demi-bas., dos orné avec pièce de titre rouge, tr. marb. (*Rel. romant.*)

Quelques-unes de ces lettres ont trait au Tonkin.
Collation : 2 ff. liminaires et 528 pp.

425. **REINAUD.** Relation des voyages faits par les Arabes et les Persans dans l'Inde et à la Chine dans le IXe siècle de l'ère chrétienne, texte arabe imprimé en 1811 par les soins de feu Langlès. *Paris, à l'Imprimerie royale*, 1845 ; 2 vol. in-16, br.

Bonne édition sur papier vergé. Exemplaire non coupé. Jolie et très exacte impression du texte arabe à la fin du second volume.
Collation : 3 ff. liminaires, CLXXX pp. et 154 pp. — 105 pp., et 201 pp.

426. **RELATION DES MISSIONS** des évêques françois aux royaumes de Siam, de la Cochinchine, de Camboge et du Tonkin.... *Paris, Le Petit, Angot*, 1674 ; in-8, veau brun, dos orné, tr. mouch. (*Rel. anc.*, restaurée.)

Édition originale, dédiée au cardinal de Bouillon.
8 ff. prél., et 368 pp.

427. **RELATION DES MISSIONS** et des Voyages des evesques, vicaires apostoliques et de leurs ecclésiastiques, ès années 1672, 1673, 1674 et 1675. *Paris, Ch. Angot*, 1680 ; in-8, veau mouch., dos orné, tr. mouch. (*Rel. anc.*)

Édition originale. Cette relation concerne le Siam, le Tonkin, le Cambodge et la Cochinchine.
8 ff. prél., 390 pp. (Le dernier cahier est remonté.)
Bel exemplaire.
Ex-libris manuscrit ancien sur le titre, d'un missionnaire bénédictin.

428. RELATION DES MISSIONS et des voyages des evesques, vicaires apostoliques... ès années 1676 et 1677. *Paris, Angot*, 1680 ; in-8, veau brun, dos orné, tr. mouch. (*Rel. anc.*, dos refait.)

Édition originale de cette relation faisant suite à la précédente et concernant les mêmes pays.
8 ff. prél., 242 pp. ch., 1 f. de privilège.
Reliure restaurée.

429. RELATION DES MISSIONS et des voyages des evesques, vicaires apostoliques... ès années 1676 et 1677. *Paris, Ch. Angot*, 1682 ; in-8, veau brun, dos orné, tr. mouch. (*Rel. anc.*, restaurée.)

8 ff. prél., 170 pp., 1 f. de privilège.

430. RELATIONE delle Missioni de Vescovi vicarii apostolici Mandati dalla S. Sede apostolica alli Regni di Siam, Cocincina, Camboia, e Tunkino. *Roma*, 1677, in-4, vélin blanc anc.

Titre, 6 ff. n. ch. et 254 pp.
Très rare. Fortes piqûres de vers et réparations aux premiers cahiers.

431. MÊME OUVRAGE, même édition, reliure ancienne.

432. RELAZIONE della preziosa morte de P. P. Bartolomeo Alvarez, Emanuele de Abreu, Vincenzo de Cunha, e Gio. Gasparo Cratz... missionari apostolici della Compagnia di gesu, uccisi in odio della Fede nel Tunchino... 1737 ; 16 feuillets in-4, manuscrits, cart. mod. (taches d'humidité).

433. RELIURE AUX ARMES. Office de la Semaine Sainte latin et françois à l'usage de Rome et de Paris avec l'explication des Cérémonies de l'Eglise. *A Paris, chez Grégoire Dupuis*, 1718 ; in-12, mar. r., dos à nerfs orné de fleurs de lys et d'étoiles, armes sur les plats, dent. inter., tr. dor. (*Rel. anc. un peu usag.*)

Reliure aux armes de Louis XV. Coins usés.

434. RELIURE FLEURDELYSÉE — XÉNOPHON. Xenophontis et imperatoris et philosophi clarissimi omnia, quæ exstant opera, Joanne Luvan Klajo interprete : additis interpretis adnotationibus, Græcæ linguæ studiosis Naud parium utilitatis allaturis : necnon locupletissimo rerum et verborum indice. *Basileæ per Thomam Guarinum*, 1572 ; in-fol., plats avec un encadrement de dent. et de fil. dor., semis de fleurs de lys, armes épiscopales au centre, chiffre : W. E. R. enlacés à chaque coin, dos à nerfs orné, de fleurs de lys, de couronne et de chiffres W. E. R., tr. dor. sur marbrures. (*Rel. anc.*)

Impression sur deux colonnes du texte grec avec la traduction latine en regard. Lettres ornées gravées sur bois. Marque d'imprimeur sur le titre. L'ouvrage qui est précédé d'une vie de Xénophon est dédié à Jean Casimir, comte Palatin.
Mouillures. Coins usés.

435. RENAN (Ernest). Études d'histoire religieuse. *Paris, Calmann-Lévy*, 1880. — Nouvelles études d'histoire religieuse. *Paris, Calmann-Lévy*, 1884 ; ens. 2 vol. in-8, brochés.

Édition originale du second ouvrage.

436. RENAN. — Léon RIOTOR et LEOFANTI. Les Enfers bouddhiques avec trois notices et préfaces de Renan, Ledrain, Foucaux. *Paris, Chamuel*, 1895; in-4, br.

Nombreuses illustrations.

437. RENAUDOT (Abbé). Anciennes relations des Indes et de la Chine, de deux voyageurs mahométans, qui y allèrent dans le neuvième siècle. *Paris, J.-B. Coignard*, 1718; in-8, veau brun, tr. mouch. (*Rel. anc.*, restaurée).

XL pages prél., 397 pages ch. et 7 f. de tables (incomplet du dernier).

438. REVUE DE L'HISTOIRE DES COLONIES FRANÇAISES. Série complète des années 1913-1928; avec annuaire et tables. Ens. 65 fascicules in-8, brochés.

439. REVUE D'HISTOIRE DES MISSIONS. Années 1924-1928 (quelques numéros manquent). Ens. 17 fascicules in-8, brochés.

440. REVUE FRANÇAISE DE L'ÉTRANGER ET DES COLONIES. *Paris, Imp. Chaix*, série complète des années 1885 à 1913; les trois premières années brochées, les autres reliées (32 vol.) demi-chag. olive.

441. REVUE INDOCHINOISE. *Hanoï*, années 1913 à 1925; fascicules in-8, brochés.

Année 1913 incomplète du n° 2. Année 1925 incomplète des titres et tables.

442. RHODES (le P. Alexandre de). Divers voyages et missions du P. Alexandre de Rhodes, en la Chine et autres royaumes de l'Orient, avec son retour en Europe par la Perse et l'Arménie. Le tout, divisé en trois parties. *Paris, Séb. et Gab. Cramoisy*, 1653; in-4, vélin blanc de l'époque.

12 ff. lim., 276 pp. (pour les deux prem. parties) et 82 pp. (pour la troisième).
Vignette gravée sur le titre.
Édition originale rare, ornée d'une carte de l'Annam comprenant le Tonkin et la Cochinchine, dressée par les Pères Jésuites.
Exemplaire lavé et encollé, puis réemboité dans sa reliure primitive.

443. RHODES (Alexandre de). Divers voyages et missions.... *Paris, Séb. Cramoisy*, 1654; in-8 de XVI-461 pp., vélin blanc.

444. RHODES (Père Alex. de). Divers voyages du P. Alexandre de Rhodes. *Paris, Mabre-Cramoisy*, 1666; in-4, veau brun. (*Rel. anc.*)

Rare. — Exempl. à belles marges.
4 ff. n. ch. et 342 pp. plus 1 f. pour le Privilège.

445. RHODES (Le P. Alexandre de). Divers voyages.... *Paris, Ch. Journel*, 1681; 1 vol. in-4, veau brun, tr. mouch. (*Rel. anc.*)

4 ff. prel. et 342 pp. ch.
Bel exemplaire.

446. RHODES (Père Alex. de). Divers voyages. *Paris, Journel*, 1682; in-4, veau brun, tr. mouch. (*Rel. anc.*)

4 fnc., 342 pages.
Ratures sur le titre
Reliure un peu restaurée.

447. RHODES (Alexandre de). Sommaire des divers voyages et missions apostoliques du R. P. Alexandre de Rhodes, à la Chine, et autres royaumes de l'Orient, avec son retour de la Chine à Rome. Depuis l'année 1618, jusques à l'année 1653. *Paris, Florentin Lambert*, 1653; pet. in-8, vélin blanc ancien.

Titre, 4 fnc., 114 pp., 1 fnc.
Grande carte de l'Annam, Tonquin et Cochinchine.
Edition originale.
Quelques petites piqûres de vers.

448. RHODES (Alexandre de). La glorieuse mort d'André catéchiste de la Cochinchine. Qui a le premier versé son sang pour la querelle Iesvs-Christ, en cette nouuelle Eglise. *Paris, Séb. et Gabriel Cramoisy*, 1653; pet. in-8, parch.

16 pages pour l'épître au Chancelier Séguier, une grande planche pliée représentant le martyre d'André, le 26 juillet 1644, à l'âge de dix-neuf ans, 109 pages, 1 fnc. (*Très rare*). — Le Père Alexandre de Rhodes dit, sur le titre « *qu'il a toujours été présent à toute cette histoire.* »
Petite réparation à la planche.

449. MÊME ÉDITION, vélin ancien.

(Quelques rousseurs).

450. RHODES (Le R. P. Alexandre de). Histoire de la vie, et de la glorieuse mort de cinq Pères de la Compagnie de Jésus, qui ont souffert dans le Japon. Avec trois séculiers, en l'année 1643. *Paris, S. Cramoisy*, 1653; in-8, parchemin blanc de l'époque.

218 pp. y compris le titre.
Edition originale.

451. RHODES (Alex. de). Relazione de' felici successi della Santa Fede predicata da' padri della Compagnia di Giesu nel regno di Tunchino.... *Roma, G. Luna*, 1650; in-4, vélin blanc. (*Rel. anc.*)

Édition originale. 8 ff. prél., 326 pp. et 1 f. d'errata.
Ornée d'une belle carte gravée du Tonkin, repliée.

452. RHODES (Alex. de). Relazione de' felici successi della Santa Fede.... *Milano*, 1651; petit in-8, parchemin blanc de l'époque.

Deuxième édition très rare, inconnue à Cordier.
8 ff. lim. et 174 pp. — Légères mouillures.

453. RHODES (Alex. de). Relation des progrez de la foy au royaume de la Cochinchine vers les derniers quartiers du Levant envoiée au R. P. général de la Compagnie de Jésus. *Paris, Cramoisy*, 1652; petit in-8, demi-veau fauve, coins, dos lisse, orné de fil. dor., tr. mouch. (*Rel. mod.*)

6 ff. lim., 234 pp. et 1 f. pour le Privilège. 2 pp. non cotées entre les pp. 5 et 6.
Edition rare. Le traducteur est le P. Jacques de Machault.
Exemplaire légèrement rogné.

454. RHODES (Alex. de). Cathechismus pro ijs, qui volunt suscipere Baptistum, in octo dies divisus.... *Rome, s. d.*, 1651; in-4, vélin blanc. (*Rel. anc.*)

Édition originale de ce catéchisme comprenant le texte latin et en regard le texte en langue de tunquin.
319 pp., 1 page blanche et 2 ff. d'*errata*.
Légères taches sur le titre.

455. RHODES (Alex. de). Dictionarium annnamiticum (*sic*) lusitanum, et latinum ope sacrae congregationis de propaganda fide.... *Roma*, 1651 ; in-4, vélin blanc. (*Rel. anc.*)

Édition originale de ce premier dictionnaire annamite. 4 ff. prél.; 450 pp. en 900 colonnes chiffrées et 91 ff. d'Appendice et Index.

456. RHODES (Alexandre de). Dictionarivm annamiticvm lvsitanvm et latinum, editvm ab A. de Rhodes, 4 ff. n. chif. 900 col. (225 pp.), 88 ff. n. chif., *pet. in-4 carré, bas. pleine. Romae.* 1651, rare.

Le premier dictionnaire annamite.
Notre exemplaire comprend un appendice de 31 pp. (sans date) intitulé : Linguae annamiticae sev Tonchinensis brevis declaratio.

457. RHODES (Alex. de). Histoire du Royaume de Tunquin et des grands progrez que la prédication de l'Evangile y a faits en la conversion des infidèles, depuis l'année 1627 jusques à l'année 1646, traduite en françois par le R. P. Henry Albi. *Lyon, Devenet*, 1651 ; in-4, bas. marb., dos à nerfs orné. (*Rel. mod.*)

8 ff. et 326 pp. — Manque la carte.
Edition originale de la traduction.

458. RHODES (A. de). Tunquinensis Historiae libri duo, quorum altera status temporalis hujus regni, altero mirabiles evangelicae proedicationis progressus referuntur. Coptae per Patres Societatis Jesu, ab anno 1627 ad annum 1646, auctore P. Alexandro de Rhodes, Avenionensi, ejus dem Societatis presbytero, eorum, quae hic narrantur, teste oculato — 1652. *Kê Sô, Ex typis Missionis Tunquini Occidentalis*, 1906. Petit in-8. vél. bl. à recouvrements, double encadrement de fil. dor. et motif décoratif à chaque coin sur les plats, dos à nerfs orné de motifs dorés, tr. dor., doublure de papier orange vif semé d'or. (*Rel. indochinoise.*)

Curieux spécimen de la typographie des Pères de Kè Sò. Jolie reliure ornée de décorations extrême-orientales.
Très rare.
Collation : 4 ff. liminaires, 279 pp. et 1 f.

459. DE RHODES (Alex.). La Vie et le Martyre de quelques religieux de la Compagnie de Jésus dans le Japon. *Bordeaux, J. Mongiron-Millanges*, 1687. — La Vie et le Martyre des RR. PP. Antoine Rubin, Albert Miciski, Ant. Capeche, Jacques Morales et François Marquez.... *Bordeaux. Millanges*, 1687; ens. 2 part. en 1 vol. in-16, demi-veau, tr. mouch. (*Rel. anc.*, restaurée.)

34 pp. pour le premier ouvrage et 163 pp. pour le second.

460. RICHARD (Abbé Jérôme). Histoire naturelle, civile et politique du Tonquin. *A Paris, chez Moutard*, 1778 ; 2 vol. in-12, veau marb., triple fil. dor. sur les plats, tr. marb., dos ornés avec pièces de titres rouges et pièces de tomaison vertes. (*Rel. anc.*)

Collation : 1er *volume* : 21 ff. liminaires et 366 pp.
2e *volume* : 6 ff. liminaires, 366 pp. et 1 f. (privilège).

461. [RICHARD (Abbé)]. Voyage au Tonquin, contenant l'histoire naturelle, civile et politique de ce Pays. *A Paris, chez Volland*, 1788; 2 vol. in-12, veau marb., dos à nerfs ornés avec pièces de titre rouges, tr. r. (*Rel. anc.*)

Avec des remarques sur l'état des missions, cet ouvrage contient de nombreux renseignements sur la faune, la flore et les conditions climatériques du Tonkin.

462. RITES CHINOIS. Lettere d'Avviso d'un Buon amico al Dottore di Sorbona autore d'un Libro intitolato difesa del Giudicio formato dalla S. Sede Apostolica nel di 20 Novembre 1704. E pubblicato in Nan Kino dal Cardinale di Tournon alli 7 Febbrajo 1707. Intorna a' Riti e Cerimonie Cinesi contra un Libello sediziosa intitolato : Alcune Riflessioni intorno alle cose presenti della Cina. *S. l. n. d.* In-12, br. couv. muette.

Recueil de plusieurs pièces ayant trait à l'affaire des rites chinois.

463. RITES CHINOIS. Breve, e compendiosa Relatione de Viaggi di Trevescovi Francesi, che dalla S. Mem. di Papa Alessandro VII furono mandati Vicarii Apostolici a i Regni della Cina, Cocincina, e Tonchino con il Racconto di quanto hanno operato per la stablimento delle loro Missioni Tradotta dalla Francese in lingua Italiana, e dedicata alla gloriosa Memoria dell' Eccellentiss Principe Tomasso Raspligiosi. *In Roma, per Fabio di Falco*, 1669. In-12, vél. bl., double fil. dor. sur les plats, tr. jasp. (*Rel. anc.*)

Histoire des voyages des trois prélats envoyés en Chine à la suite de l'affaire des « Rites chinois ».

Rousseurs.

Collation : 4 ff. liminaires, 170 pp. et 1 f. (marque d'imprimeur.)

464. RITES CHINOIS. Lettere d'un Dottore di Teologia dell' Universita' di Parigi dell' ordine de predicatori, intorno alle idolatrie e superstisioni della China. *In Colonia, Apressa gli eredi di Cornelio d'Egmond*, 1700. In-16, vél. bl., pièce de titre orange.

Série de lettres contre les sentiments des Jésuites dans l'affaire des Rites Chinois adressées aux PP. Le Comte et Dez.

465. RITES CHINOIS. Ad virum nobilem de cultii Confucii philosophi et progenitorum apud sinas. *Dilingae, Sumpt. Joannis Caspari Bencard*, 1700. In-16. (*Cart. anc.*)

Opuscule rédigé par les Jésuites sur l'affaire des Rites Chinois. Les opinions de leur ordre y sont soutenues.

Collation : 1 f. de titre et 66 pp.

Taches d'encre sur plusieurs feuillets.

466. RITES CHINOIS. Memorie istoriche della controversia de' culti Chinesi, lettera de' Signori Superiore e Direttori del Seminario delle Missioni Stranieri di Parigi, al Sommo Pontifice Innocenzio XII. Intorno all' Idolatrie e Superstizioni della China, in Italiano e in Francese; Due pareri di cento venti Dottori dell' Universita di Parigi. *In Colonia*, 1700; in-12, vél. bl. (*Rel. anc.*)

Intéressant recueil de documents snr la controverse des Rites chinois.

Collation : 240 pages.

467. RITES CHINOIS. Difesa del Giudizio formato della S. Sede Apostolica nel di 20. Novembre 1704. E pubblicato in Nankino dal Card. di Tournon alli 7 Febbraio 1707. Intorno a' Riti, e ceremonie cinesi. Contro un Libello Sedizioso intitolato Alcune Riflessioni intorno alle cose presenti della Cina. A cui vengono annesse tre Appendici, contro le trè Scritture latine ultimamente stampate dalli Difensori de' medesimi Riti condannati. Opera di un dottore della Sorbona, trasportata dal Manoscritto Francese. *In Torino*, 1709; in-8, vél. bl. (*Rel. anc.*)

Défense du décret du Cardinal de Tournon contre les rites adoptés par les chrétiens d'Extrême-Orient dans la pratique religieuse.

468. RITES CHINOIS. Sanctissimi D. N. Domini Clementis divinâ providentiâ Papae XI, praeceptum super omnimodâ, absolutâ, integrâ, e inviolabili observatione eorum, quae alias a Sanctitate Suâ in causa Rituum, seù Ceremoniarum Sinensium decreta fuerent. *Romae*, 1715; gr. in-8.

Recueil de cinq pièces imprimées et une pièce manuscrite. A la fin est reliée une très curieuse planche repliée : *Solenne sacrificio di Confusio.*

469. RITES CHINOIS. Mémoires du sieur Jean Macky contenant principalement les caractères de la Cour d'Angleterre sous les règnes de Guillaume III et d'Anne I. — Réflexions sur les affaires présentes de la Chine. Ecrit traduit de l'Italien. — Protestation des Jésuites, à l'occasion du dernier Décret sur les Affaires de la Chine. Avec des réflexions sur la Protestation de Messieurs des Missions Etrangères. *A la Haye, chez P. Gosse et J. Neaulme*, 1733; 1 vol in-12, demi-bas., dos à nerfs orné avec pièce de titre rouge, tr. r. (*Rel. anc.*)

Deux ouvrages sur la controverse des Rites chinois. Le premier est un très bon exposé de l'affaire. Les Mémoires de Macky contiennent des détails singuliers et des satires violentes contre Jacques II et ses partisans.

470. RITES CHINOIS. Mémoire où l'on examine si la Bulle de notre S. Père le Pape Clément XI qui commence par ces mots : Unigenitus Dei Filius, est acceptée dans l'Eglise d'un consentement vraiment unanime. *S. l.*, 1744. — Essay d'un Paralelle du tems de Jesus-Christ et des Nôtres, pour servir d'Instruction et de Consolation dans les grandes épreuves, au milieu desquelles nous vivons. *S. l. n. d.* (1738). — Les Jésuites convaincus d'obstination à permettre l'idolâtrie dans la Chine. *S. l.*, 1744. — Lettre au sujet de la Bulle de N. S. Père le Pape du XII Septembre M.DCC.XLIV concernant les Rites Malabares. *S. l.*, 1745. Quatre ouvrages en 1 vol. in-12, veau brun, dos à nerfs orné avec pièce de titre rouge, tr. jasp. (*Rel. anc.*)

Rare.

471. RITES CHINOIS. Variorum Miscellanea. Fort vol. in-12, vél. bl. à recouvrements. (*Rel. anc.*)

Recueil de neuf importantes pièces en italien ou en latin sur l'affaire des Rites chinois qui divisa les Jésuites et les Dominicains.

472. RIVAS (R. P. Manuel de). Idea del Imperio de Annam, o de los Reinos unidos de Tunquin y Cochinchina. *Manila : Imprenta de los Amigos del Pais a cargo de D. Juan Murillo*, 1858; pet. in-4, demi-chag. vert, tr. jasp. (*Rel. de l'ép.*)

473. ROCHER (Ém.). La province chinoise du Yun-Nan. *Paris*, 1880; 2 tomes en 1 vol. in-8, demi-veau fauve, planches, *cartes, plans et figures.*

474. ROCHON (Abbé). Voyage à Madagascar et aux Indes Orientales. *A Paris, chez Prault*, 1791; in-8, demi-bas. marron, dos orné, têt. r. (*Rel. mod.*)

Ouvrage d'un grand intérêt documentaire particulièrement au point de vue de la culture des pays décrits.
Collation : 34 ff. liminaires, 322 pp. et 1 carte.

475. ROCHON (Abbé). A Voyage to Madagascar and the East Indies. Translated from the French, illustrated with an accurate Map of the Island of Madagascar. To which is added a Memoir on the Chinese Trade. *Lon-*

don, *Robinson*, 1792 ; in-8, demi-veau fauve, coins, dos lisse, orné, tr. jasp. (*Rel. anc.*)

Orné d'une grande carte repliée.
2 ff. lim. et XLIX-475 pp.
Quelques légères rousseurs. Dos fatigué.

476. ROCHON (Abbé). Reise nach Madagascar und Dstindien. Nebst Thomas Bownnear's und Robert Kirsop's Nachrichten von Cochinchina, etc. Mit einer neu gezeichneten karte von Madagascar und dem kanal von Mozambique. *Berlin*, *Buckhanblung*, 1792 ; in-8, carte repliée, broché. (*Manque la couverture.*)

477. ROCHON (Alexis). Voyages aux Indes Orientales et en Afrique, pour l'observation des longitudes en mer avec une dissertation intéressante sur les îles célèbres de Salomon et sur les voyages de Marion de Surville, de la Peyrouse et de d'Antrecastreau. *A Paris*, *chez l'Huillier*, 1807 ; in-8, demi-bas. brune, dos orné, tête r., n. r. (*Rel. mod.*)

Relation savante et recherchée.

478. ROLLET DE L'ISLE. Au Tonkin et dans les mers de Chine. Souvenirs et croquis (1883-1885). *Paris*, *Plon-Nourrit*, *s. d.* ; pet. in-4, cart. bleu de l'éditeur.

Illustrations hors texte et dessins dans le texte en couleurs et en noir.
On a joint une épreuve du titre illustré tirée sur fort Japon pelure.
Quelques rousseurs.

479 ROSINI (Francesco). Breve relatione della gloriosa morte che il P. Antonio Rubino, della Compagnia di Giesu, visitatore della provincia del Giappone et Cina, sofferse nella citta di Nangasacci... con quattro altri Padri della medesima Compagnia, cioè : il P. Ant. Capece, il P. Alberto Micischi, il P. Diego Morales, il P. Francesco Marquez.... *Roma*, *Corbelletti*, 1652 ; in-4, vélin blanc. (*Rel. anc.*)

Édition originale. 4 ff. prél., 88 pp. ch.

480. ROSNY (Léon de). Variétés orientales, historiques, géographiques, scientifiques, bibliographiques et littéraires. *Paris*, *Maisonneuve*, 1868 : in-8, en feuilles, sous couverture et carton.

Édition originale. Beau papier vergé.
Exemplaire unique enrichi de trente-cinq belles aquarelles originales exécutées par la fille de l'auteur.

481. ROUSSEAU (Abbé). Notices sur les soixante-dix serviteurs de Dieu mis à mort pour la foi en Chine, au Tong-King et en Cochinchine, déclarés vénérables par N. S. A. le Pape Grégoire XVI. *Paris*, *Alexandre*, 1845 ; in-12, cart.

Collation : XX pp. et 215 pp.

482. ROUSSELET (Louis). L'Inde des Rajahs. Voyage dans l'Inde centrale et dans les présidences de Bombay et du Bengale. Deuxième édition contenant 317 gravures sur bois dessinées par nos plus célèbres artistes et six cartes. *Paris*, *Hachette*, 1877 ; in-4, demi-mar. bleu, tête dorée, non rogné.

483. ROUSSELOT DE SURGY (Jacques). Mémoires géographiques, physiques et historiques sur l'Asie, l'Afrique et l'Amérique, tirés des Lettres édifiantes et des Voyages des Missionnaires Jésuites par l'auteur des Mélanges intéressants et curieux. *A Paris, chez Durand*, 1767; 4 vol in-12, veau marb., dos ornés avec pièces de titres rouges, tr. r. (*Rel. anc.*)

Le second volume a trait à la Chine et à la Cochinchine; le quatrième à l'AMÉRIQUE.

484. SACCANO (P. Metelle). Relation des progrès de la Foy au Royaume de la Cochinchine es années 1646 et 1647 envoiée au R. P. général de la Compagnie de Jésus. *A Paris, chez Sébastien et Gabriel Cramoisy*, 1653; in-12, demi-bas. mouchetée, dos à nerfs orné avec pièce de titre grenat, tr. r. (*Rel. mod.*)

Taches de moisissures à l'intérieur.
Collation : 6 ff. liminaires et 139 pp.

485. SAINTE-CROIX (Félix Renouard de). Voyage commercial et politique aux Indes orientales, aux Iles Philippines, à la Chine, avec des notions sur la Cochinchine et le Tonquin pendant les années 1803-1807. *Paris, de l'Imprimerie de Crapelet*, 1810; 3 vol. in-8, dos ornés. (*Cart. de l'ép.*)

Important ouvrage orné de deux très belles cartes pliées et coloriées de l'Inde, de format in-folio gravées par Tardieu.

486. SAINT-DOMINGUE — GUADELOUPE. Réunion de dix gravures anciennes et lithographies romantiques.

487. SAINT-DOMINGUE. Recueil de vues des lieux principaux de la colonie françoise de Saint-Domingue, gravées par les soins de M. Ponce, accompagnées de cartes et plans de la même colonie gravés par les soins de M Phelipeau. Le tout principalement destiné à l'ouvrage Loix et constitutions des colonies françoises de l'Amérique sous le vent avec leur description, etc., par Moreau de Saint-Mery. *Paris, Moreau de Saint Mery*, 1791; in-f. cart. ancien défraîchi.

Ouvrage fort rare, composé de trente planches (sur 31) de vues, scènes de mœurs, costumes, cartes et plans, dont plusieurs se dépliant. Mouillures.

488. SALAZAR. Relacion || de el martyrio de los || Venerables Padres, y Siervos de Dios || Fr Francisco Gil de Federich, y Fr. || Matheo Alonso Leziniana, Religiosos || Dominicos, y Missioneros por la Pro || vincia de el Santo Rosario de Philipi || nas, en el Reyno de Tun-Kin, Dego || llados por la Fè el dia 22 de Enero || de 1745. *S. l. n. d.*, 1745; 44 pp. 4 to, demi-veau fauve, tr. rouges.

Relation importante et rarissime. Edition non mentionnée par Retana, Vindel, Catalogo de la biblioteca Filipina, et Pardo de Tavera, Biblioteca Filipina.

489. SANSON, géographe. L'Asie en plvsievrs cartes nouvelles et exactes, et en divers traités de géographie et d'histoire, où sont descripts ses empires, estats, mœvrs, langves et ce qu'il y a de plus beau et de plus rare dans toutes ses parties et dans ses îles. *Paris, chez l'avthevr*, 1652; in-4, veau marb., armoiries à froid sur les plats, dos orné de fleur. dor., tr. marb. (*Rel. anc.*)

Dix-sept cartes double format, avec les délimitations en couleur; contient aussi : les Isles Philippines, les Molucques, isles de la Sonde, les Maldives.

489 *bis*. LE MÊME EXEMPLAIRE sans armoiries.

490. SANSON D'ABBEVILLE. L'Affrique en plusieurs cartes nouvelles et exactes, etc. en divers traitez de géographie et d'histoire. Là où sont descrits succinctement et avec une belle méthode et facile ses empires, ses monarchies, ses estats, etc., les mœurs, les langues, les religions, le négoce et la richesse de ses peuples, etc., et ce qu'il y a de plus beau et de plus rare dans toutes ses parties et dans les isles. Par le S. Sanson. *A Paris, chez l'auteur*, 1656; in-4, veau brun, dos à nerfs orné, tr. jasp. (*Rel. anc. usag.*)

Ce recueil contient dix-huit cartes hors texte gravées et légèrement teintées à l'époque.

491. SCLUMBERGER (G.). Numismatique de l'Orient latin. Avec 19 planches gravées par L. Dardel. *Paris, Leroux*, 1878; fort vol. in-4 broché plus 1 vol. de supplément et index alphabétique, orné de deux planches gravées par L. Dardel, et une carte des ateliers monétaires. *Paris, Leroux*, 1882; in-4, broché.

Bel ouvrage, imprimé sur papier vergé. Recherché.
On y a joint: Recherche sur les monnaies frappées dans l'ile de Rhodes, par les grands maîtres de l'ordre religieux et militaire de Saint-Jean de Jérusalem, traduit de l'allemand de J. Friedlaender, annoté par V. Langlois, et servant de complément à la numismatique des Croisades de F. de Saulcy. Paris, Rouvier, 1855; in-4, broché, couv imp.
Quelques rousseurs, couverture fatiguée.

492. SIAM (XVIIe siècle). Important lot de gravures anciennes, cartes, plans, vues d'optique, etc.

493. SOCIÉTÉ ACADÉMIQUE INDOCHINOISE. (*Bulletin* de la). Années 1881-90, reliées en 3 vol. in-8. — *Mémoires* de la Société, 2 vol. in-4. Ens. 5 vol., demi chag. noir. pièces de titre de mar. rouge.

Cartes repliées.

494. SOCIÉTÉ DE GÉOGRAPHIE DE PARIS (Bulletin et Comptes-rendus de la). Années 1881 à 1899 du *Bulletin* et 1893 à 1899 des *Comptes-Rendus*; demi-chag. noir, tr. mouch., et plusieurs numéros brochés.

Nombreuses cartes et reproductions.

495. SOCIOLOGIE COLONIALE (Congrès international de), tenu à Paris du 6 au 11 août 1900. *Paris, Rousseau* 1901; 2 vol. in-8, brochés.

496. SOLDATS ANNAMITES. Recueil de douze gravures, images d'Épinal, lithographies, dont plusieurs finement coloriées, représentant les costumes de soldats annamites et cochinchinois.

497. SOUCIET (P. Etienne). Observations mathématiques, astronomiques, géographiques, chronologiques et physiques, tirées des anciens livres chinois ou faites nouvellement aux Indes et à la Chine. *A Paris, chez Rollin*, 1729-1732; 3 vol. in-4, br., couv. muettes.

Édition originale.
Exemplaire incomplet de sa suite de planches.
Dos fatigués.

498. DE SOURCHES (Marquis). Mémoires secrets et inédits de la Cour de France sur la fin du Règne de Louis XIV, avec une introduction et des notes par Adhelm Bernier. *Paris, Beauvais aîné*, 1836; 2 vol. in-8, br., 405 et 409 pp., couv. impr.

499. TABAGO. Prise de Gorée en 1677 et du fort de Tabago, le 12 décembre 1677. *Manuscrit de l'époque*, 8 pp. in-4.

500. TACHARD (le P.). Voyage de Siam, des Pères Jésuites, envoyez par le Roy aux Indes et à la Chine. Avec leurs observations astronomiques et leurs remarques de physique, de géographie, d'hydrographie et d'histoire. *Paris*, 1686; fort vol. in-4, veau brun, dos orné, tr. mouch., avec de *nombreuses planches, cartes, vues, plans, figures d'histoire naturelle.* (*Rel. anc.*)

Rare. Très bel exemplaire.
7 fnc, 424 pp., 4 fnc., 20 pl.

501. TACHARD (Guy). Voyage de Siam des Pères Jésuites... *Amsterdam, P. Mortier*, 1687; pet. in-8, veau granit., dos orné de fleur. dor., tr. mouch. (*Rel. anc.*)

Frontispice, vignette en-tête et 25 très curieuses figures gravées en taille-douce, la plupart repliées, représentant des scènes de mœurs, flore, faune, modèles de vaisseaux, etc.
Très bel exemplaire, grand de marges.
Titre, 4 ff. prél. pour l'Epitre au Roy, 227 pp. ch., 6 ff. n. ch. de *Tables.*

502. TACHARD (Guy). Reis na Siam, gedaan door den Ridder de Chaumont. *Amsterdam, Oossaan*, 1687; in-4, vélin blanc. anc.

Frontispice, 26 figures gravées en taille douce, la plupart repliées.
8 feuillets prél., 294 pages ch., 7 ff. n. ch., et 88 pages pour *Verhaal van het Gezantschap des Ridders de Chaumont aan het Hof des Konings von Siam...*

503. TACHARD (le P.). Il viaggio di Siam... *In Milano, nelle stampa dell' Agnelli*, 1693; pet. in-12, vélin blanc moderne, non rogné.

Version italienne de C. Frescot, ornée de neuf curieuses figures gravées, repliées, représentant les types de population, de faune, flore, les cérémonies royales, etc. (La première figure annoncée à la table ne figure pas dans cet exemplaire.)
Bel exemplaire, très frais.
Petite restauration sans atteinte au texte au feuillet 375-76.

504. TACHARD (Guy). Second voyage du Père Tachard et des Jésuites envoyés par le roy au royaume de Siam, contenant diverses remarques d'histoire et d'astronomie. *Paris, Horthemels*, 1689; in-4, mar. rouge, encad. de milieu avec fleur. d'angles, 3 fil. dor., dos à nerfs, orné, dent. int, tr. dor. (*Rel. de l'époque.*)

4 ff. lim., 416 pp. et 6 ff. pour la table.
Edition originale, rare. Elle est ornée de 6 planches repliées, représentant la flore du Siam. Sur le titre, portrait gravé. Vignette en tête de l'épitre.
Exemplaire bien conservé, dans une belle reliure du temps.

505. TACHARD (Père Guy). Audience donnée par notre Saint Père le Pape Innocent XI au Père Guy Tachard. *Toulouse, Bonde, s. d.* Petit in-4, demi-bas. marb., pièce de titre grenat au dos. (*Rel. mod.*)

Description de la cérémonie d'audience du Père Tachard et des mandarins siamois.
Collation : 12 pp.

506. TACHARD (Père Guy). Sr. Heil. Babst Innocentii XI Audientz Sodem P. Tachard Jesuiten und den 3 mandarins als abgesandten des Konigs in

Siam an Sr. Heil, verstattel worden den 25 x br. 1688. *S. l. n. d.* Petit in-4, demi-bas. marb., pièce de titre grenat au dos.

Relation en langue allemande de l'audience du pape Innocent XI au Père Tachard et aux trois mandarins siamois.
Cette plaquette est ornée en frontispice d'une singulière carte pliée de format in-folio gravée par Bocklin représentant la scène de l'Audience.
Rare.
Collation 16 pp.
Rousseurs.

507. TAIN TU KINH ou le Livre des phrases de trois caractères avec le grand commentaire de Vuong tân tchâng. Texte transcription annamite et chinoise, explication littérale et traduction complètes par Abel des Michels. *Paris, Ernest Leroux*, 1882; grand in-8, demi-chagrin brun à coins, dos à nerfs orné de décorations annamites, têt. dorées.

508. TASSÉ (Joseph). Les Canadiens de l'Ouest. Quatrième édition. *Montréal*, 1882; 2 tomes en 1 vol. in-8, demi-maroq. rouge, tr. mouch.

Ch. de Langlade. — Cadot. — Réaume. — Rolette. — Vital. — Guérin. — Mallet. — Franchère, etc.
Portraits hors texte.

509. TAVERNIER (J.-B.). Les six voyages de J.-B. Tavernier, en Turquie, en Perse et aux Indes. Recueil de plusieurs relations et traitez singuliers et curieux, qui n'ont point esté mis dans ses six premiers voyages. *Suivant la copie imprimée à Paris*, (Hollande), 1679; ens. 3 vol. in-12, vélin blanc à recouv. (*Rel. de l'époque.*)

Belle et rare édition, ornée de nombreuses planches repliées.

510. TAVERNIER (J.-B.). Les six voyages de J.-B. Tavernier, écuyer baron d'Aubonne, en Turquie, en Perse et aux Indes. *Suivant la copie imprimée à Paris*, 1692; 3 vol. in-12, front., portrait et planches, repliées, veau marb., dos à nerfs ornés de fleur. dor., tr. mouc. (*Rel. anc.*)

Une des plus belles éditions de ces voyages, ornée de nombreuses planches hors texte, repliées, gravée en taille-douce, scènes de mœurs.

511. TAVERNIER (J.B.). Les six voyages de Jean-Baptiste Tavernier. *Utrecht, Wâter et Poolsum, et Paris*, 1712; 3 vol. in-12, veau brun, dos à nerfs, ornés, tr. mouch. (*Rel de l'époque.*)

Orné de nombreuses planches repliées.
Reliure légèrement restaurée.

512. TAVERNIER (J.-B.). Ses six voyages en Turquie, en Perse et aux Indes... Nouvelle édition, revuë, corrigée par un des amis de l'autheur, compagnon de ses voyages, 5 vol. — **Recueil** de plusieurs relations et traitez singuliers et curieux de M. Tavernier qui n'ont point été mis dans ses six premiers voyages, divisé en 5 parties : I. une relation du Japon et de la cause de la persécution des Chrestiens dans ses isles. II. relation de ce qui s'est passé dans la négociation des députez qui ont été en Perse et aux Indes, tant de la part du Roi que de la compagnie Françoise pour l'établissement du commerce, etc.. etc. 1 vol. *Paris Ribou, et Rouen, Machuel*, 1724; ens. 6 vol. in-12, bas. marb., dos à nerfs, ornés, tr. rouges. (*Rel. de l'époque.*)

Édition recherchée, ornée de plus de cinquante curieuses planches gravées sur cuivre, et quatre cartes, la plupart repliées.
On a joint à l'exemplaire, l'atlas pour illustrer l'ouvrage. *Paris, Lepetit*, 1817; in-8, oblong., cart. pap. bleu de l'époque, n. rog.; atlas comprenant vingt-deux planches gravées par Tardieu.

513. TAVERNIER (Jean-Bapt.). A collection of several relations and treatises singular and curious. Published by Edmund Everard. *London, Moses Pitt*, 1680. Pet. in-fol., veau brun, dos à nerfs jans., tr. jasp. (*Rel. anc.*)

Relation anglaise des voyages de Tavernier. Elle est illustrée de nombreuses planches hors texte représentant des coutumes curieuses des pays parcourus et d'une grande carte pliée gravée du Japon.

514. TAVERNIER (Jean-Baptiste). Recueil de plusieurs relations et traitez singuliers et curieux qui n'ont point été mis dans ses six premiers voyages. Seconde édition. *A Paris, chez la veuve Clouzier, Pierre Aubouin et Pierre Emery*, 1686; in-4, veau brun, dos à nerfs, orné, tr. jasp. (*Rel. anc.*)

Édition ornée de 9 planches pliées et cartes gravées. Réparations aux coiffes supérieures et inférieures.
Collation : 4 ff. liminaires, 312 pp., les cartes, plus un « Catalogue des livres imprimés chez Pierre Auboin et Charles Clousier » (8 pp.).

515. TENRREYRO (Antonia). Itinerario emque se contem como da India veo por terra a estes Reynos de Portygal. Nova edicao conforme a primeira de 1560. *Lisboa, na typographia Rollandiana*, 1829; in-12, bas. marb., dos orné avec pièce de titre rouge, tr. jasp. (*Rel. de l'ép., usag.*)

516. TERNAUX-COMPANS. Archives des Voyages ou collection d'Anciennes Relations inédites ou très rares de lettres, mémoires, itinéraires et autres documents relatifs à la Géographie et aux voyages suivies d'analyses d'anciens voyages et d'anecdotes relatives aux voyageurs tirées des mémoires du temps. *Paris, Arthus Bertrand*, s. d., 2 vol. in-8, demi-mar. olive à coins, têt. dor. (*Rel. mod.*)

Rousseurs.
Collation : 1er *volume* : 2 ff. liminaires, 477 pp. et III pp.
2e *volume* : 474 pp. et VI pp.

517. [THÉVENOT (Melchisédech)]. Description géographique de l'Empire de la Chine par le Père Martin Martinius, jésuite. *Paris, S. M. Cramoisy*, 1666; in-fol., demi-bas. marb., dos à nerfs, orné avec pièce de titre grenat, tr. r. (*Rel. mod.*)

Troisième partie d'un ouvrage intitu'é : « Relation de divers voyages curieux qui n'ont pas été publiés ou tirés des originaux ». Elle contient une superbe carte de la Chine gravée par Peyronnin.
Collection : 216 pp. et 1 carte.

518. THUY KIÊU. (Hanoï, 1894); *Manuscrit annamite* de 147 pages orné de dessins originaux; in-folio, recouvert d'une étoffe tonkinoise brodée en vert, blanc et or, du dragon, gardes de papier rouge fabriqué au Tonkin orné en argent des mêmes décors.

Précieux manuscrit du grand poème populaire annamite que chantent les hommes et les femmes de toutes les classes de la Société, exécuté par un lettré annamite. Il est écrit avec le plus grand soin sur papier de Chine plié sur la tranche. La première moitié de chaque page contient le texte du poème, calligraphié en caractères rouges et noirs, tandis que le bas de chacune de ces pages comporte un DESSIN ORIGINAL au lavis d'encre de Chine, parfois légèrement rehaussé de gouache. Ces figures, très fines et charmantes illustrent le passage correspondant du texte : scènes champêtres, scènes de mœurs, cérémonies, culture du riz, etc., elles sont faites selon les règles anciennes rappelant les primitifs : avec très peu de perspective.
Ce manuscrit est doublement précieux pour sa grande valeur artistique et pour les documents qu'il nous apporte sur la vie annamite. Il est recouvert d'une très belle étoffe brodée tonkinoise.

519. TISSANIER (le Père Joseph). Relation du voyage du Père Joseph Tissanier, depuis la France, jusqu'au Royaume du Tunquin.... Avec ce qui s'est passé de plus mémorable dans cette mission, durant les années 1658, 1659 et 1660. *Paris, Edme Martin*; 1663; in-12 de 6 ff. prél., 352 ff. ch. — Lettre du R. P. Jacques Le Favre... sur son arrivée à la Chine; et l'estat présent de ce Royaume. *Paris, Edme Martin* 1662; 37 pp. ch. Ens. 2 part. en 1 vol. in-12, veau fauve, encadr. de fil. dor., dos à nerfs orné de fleur dor., tr. dor. (*Rel. anglaise romantique.*)

Édition originale de cette relation fort rare.
Bon exemplaire, malgré de légères rousseurs.

520. TOURNON (Cardinal de). Lettera a Signori del Seminario delle missioni straniere sù le accuse. che danno a Gesuiti, di non essersi sottomessi sinceramente al nuovo Decreto circa glioffari della Cina. Relazione della preciosa morte di Carlo Tomaso Maillard di Tournon. *In Roma, Gonzaga*, 1711. — Verba per Sanctissimum D. N. Clementem Papam XI de obitu Cardinalis de Tournon. — Oratio habita in sacello pontif infunere S. R. E. Cardinalis Caroli Thomae Maillard di Tournon; in-8, vél. bl. (*Rel. anc.*)

Recueil de pièces sur les rites chinois et la mort du Cardinal de Tournon.

521. TOURNON (Charles Thomas Maillard de). Relatione della presiosa morte dell' Eminentissimo e Reverendissimo Carlo Tomaso Maillard di Tournon — Declarotio Revendissimi Patris Michoelio Angeli Tambimi proepositi generalis Societatis Jesu super Postulato unanimiter sibi facto à RR. Patribus assistentibus Nationum, etc.... Sanctissimo Clementi XI pontifici maximo humiliter oblata. etc... *In Roma, per Francesco Gonzaga*, 1711; in-8, br.

Le Cardinal de Tournon soutint en Chine contre les Jésuites les idées du Pape Clément XI contre les rites Chinois. Il fut arrêté par l'Empereur Khang-hi et enfermé dans la maison des Jésuites de Macao où il mourut.

522. TOURNON (Cardinal Thomas Maillard de). Relazione della preziosa morte dell' Eminentiss. e Reverendiss. Carlo Tomaso Maillard di Tournon. *In Roma, e in Bologna per Costantino Pisarri*, 1711; in-8, vél. bl. (*Rel. anc.*)

Collation : 70 pp. et 1 f.

523. TOURNON (Cardinal de). Anecdotes sur l'Etat de la Religion dans la Chine. *A Paris, aux dépens de la Société*, 1733-1735; 6 vol. in-12, dos à nerfs ornés, avec pièces de titre et de tomaisons noires, tr. marbr. (*Rel. romant.*)

La parution de cet ouvrage dirigée contre les Jésuites partisans des rites chinois que le cardinal de Tournon avait combattus à Nan-Kin sur l'ordre du pape, est due à l'abbé Michel Villermaules de Villers. L'œuvre du cardinal de Tournon, traduite de l'italien, occupe les premiers volumes.

524. TOURNON (Card. de). Esame e difesa del Decreto publicato in Pudisceri' da Monsignor Carlo Tomaso di Tournon patriarca d'Antiochia, etc..., di poi cardinale della S. R. Chiesa approvato e confermato con Breve dal sommo pontefice Benedetto XIII presentata alla medesima Santito sua da Fra Luigi Maria Lucino. *In Venezia, Apresso Antonio Mora*, 1729; in-4, vél. bl. (*Rel. anc.*)

Défense du Cardinal de Tournon qui, fidèle au Saint-Siège avait rendu un décret contre les rites pratiqués par les chrétiens dans l'exercice de leur religion.
Collation : 8 ff. liminaires, et 296 pp.

525. TRIGAULT (R. P. Nicolas). Histoire de l'Expédition Chrestienne au royaume de la Chine entreprise par les Pères de la Compagnie de Jésus, comprise en cinq livres.... Tirée des Mémoires du R. P. Matthieu Ricci et nouvellement traduite en françois par le S. D. F. de Riquebourg. *Trigault, à Lille, Pierre de Rache*, 1617 ; in-8, vél. bl. à recouvrements. (*Rel. anc.*)

Ouvrage extrêmement rare et recherché qui contient un abrégé de l'histoire chinoise et des descriptions de curieuses coutumes.
Impression de Lille. Sur la page de titre le lis lillois gravé sur bois.
Collation : 6 ff. liminaires, 559 pp. et 2 ff.

526. TRONDE (O.). Batailles navales de la France. Publié par P. Levot. *Paris, Challamel aîné*, 1867-1868 ; 4 vol. in-8, demi-bas mar. avec pièces de titre et de tomaison bleues aux dos.

Quelques rousseurs.

527. TURPIN (François-Henri). Histoire civile et naturelle du Royaume de Siam et des Révolutions qui ont bouleversé cet Empire jusqu'en 1770. *Paris, Costard*, 1771 ; 2 vol. in-12, bas. marb., dos à nerfs ornés de fil. dor., tr. jasp. (*Rel. anc.*)

Édition originale.
Curieux détails. Rare.
Collation : 1er *volume* (faux-titre, titre, épître et préface), 450 pp. et 1 f. pour la table.
2e *volume* : 2 ff. (faux-titre et titre), 444 pp. et 3 ff. pour la table et le privilège.

528. MÊME ÉDITION, demi-vélin blanc ancien.

529. MÊME ÉDITION, demi-veau marb. ancien.

530. VANEY (J.-F. Duché de). Recueil d'Histoires édifiantes, pour servir de lecture à de jeunes personnes de condition. *Paris, Rigaud*, 1706 ; in-12, veau brun, dos à nerfs orné avec pièce de titre rouge, tr. r. (*Rel. anc.*)

Édition originale de ce recueil spirituellement rédigé et fort bien imprimé.
2 ff. (Titre et table et 291 pp.).

531. VARDE (Père Jean). Histoire de ce qui s'est passé en Éthiopie, Malabar, Brasil et es Indes Orientales. *Paris, Sébastien Cramoisy*, 1628 ; pet. in-8, vélin blanc. (*Rel. anc.*)

Première édition de cette traduction.
2 ff. prél., 451 pp. ch.
Quelques mouillures.
Au bas du titre, cette mention autographe de l'éditeur : *Ex-dono Sebastiani Cramoisii.*

532. VARENIUS (Bernhard). Geographia generalis inqua affectiones générales telluris explicantur. *Amstelodami, ex officina Elseviriana*, 1664 ; in-18, plein mar. rouge, fil. dor. sur les plats, dos à nerfs avec pièce de titre grenat, dent. inter., tr. dor. (*Rel. romant.*)

Réimpression de l'édition parue chez Louis Elsevir en 1650. Elle est ornée d'un très beau titre-frontispice gravé.
Cet ouvrage opéra une véritable révolution dans la science géographique et fut remarqué et annoté par Newton.
Collation : 20 ff. liminaires et 748 pp.

533. VARENIUS (Bernhardius). Descriptio Regni Japoniae et Siam Item de Japoniorum Religione et Siamensium, de diversis omnium Gentium religionibus. Quibus, praemisa dissertatione de variis Rerum publicarum generibus, adduntur quaedam de Priscorum Atrorum fide excerpta ex Léone Africano. *Cantabrigiae, J. Hayes*; in-8, mar. rouge, 3 fil. dor., milieux armoriés, dos à nerfs, orné à chaque compart. du chiffre couronné, de Colbert, tr. mouch. (*Rel. de l'époque*).

Édition rare.
6 ff. lim. et 292 pp.
Bel exemplaire, *aux armes de Colbert*, ministre de Louis XIV.
Sur le titre cette inscription : *Bibliotheca Colbertinæ*.

534. VAUCLUSE. Dictionnaire historique, biographique et bibliographique du département de Vaucluse ou recherches pour servir à l'histoire scientifique, littéraire et artistique ainsi qu'à l'histoire religieuse, civile et militaire des villes et arrondissements d'Avignon, de Carpentras, d'Apt et d'Orange, par C. F.-H. Barjavel. *Carpentras, Devillario*, 1841; 2 vol. in-8, br., couv. cons.

Bel exemplaire non coupé.

535. VENTE DES NÈGRES. Inventaire général de la succession du Sr Saint-Pierre, au Cap français. Manuscrit de 13 feuillets in-folio, daté du 19 novembre 1784.

Très curieuse pièce donnant la nomenclature complète des « *nègres, négresses, négrillons, negrittes* » dépendant de la succession, ave, cpour chacun d'eux, la mention de leur nom, qualité, race, âge, estimation, etc.

536. VENTE DES NÈGRES. Très curieuse pièce de 4 pages in-folio, mi-imprimée, mi-manuscrite; datée du 15 mai 1801; Bourg Saint-Pierre (Martinique), stipulant les conditions de vente d'un « *nègre français dépendant de la succession de la dame veuve Fourniol* », mis en vente aux enchères pour la somme de deux mille livres.

(Mouillures. Légères réparations).

537. VERHAAL dat de ambassadeurs van Siam, an haar, koning gedaan hebben, van't geen zy in Krankryk vernomen hebben, van de algemene, toestant van Europa, etc. Uyt hst Siams vertaalt. *Gedrukt in Batavia*, 1688, 24 pp.

Aanmerklijk en naaukenrig Verhaal der staats Omkeringen nu laarst in't Jaar 1688, in Siam voorgevallen, etc. *Leiden, Haaring*, 1692, 34 pp. y compris le titre.

Kort-Boudig Verhaal van den Open Ondengang van d'Heer Constantyn Faulkon ridder der ordre van St-Michiel, en voornaam gunsteling des Konings van Siam.... *Amsterdam, Borstius*, 1690; 38 pp. y compris le titre.

Ens., 3 plaquettes in-4, demi-veau marbr., n. rog. (*Rel. mod*).

538. VERNEUR (J.-T.). Journal des Voyages, découvertes et navigations modernes, ou archives géographiques du XIXe siècle, etc. Ouvrage périodique rédigé par une Société de géographes et de voyageurs français et étrangers. Tome septième. *Paris, Colvet*, 1820; in-8. (*Cart. mod.*)

Ce tome contient (p. 45, 66 pp.), la « Relation du deuxième voyage du *Henry*, capitaine Rey, à la Cochinchine ».

539. VEUILLOT (Eugène). Le Tonkin et la Cochinchine, le pays, l'histoire et les missions. *Paris*, 1859; in-8, demi-bas., verte, tr. mouch.

540. VILLAUME (L.). Un souvenir de la persécution dans la mission de Cochinchine orientale, 61 pp. in-8, 1889 ; demi-mar. bleu.

541. VITELLESCHI (P. Mutium). Narratio persecutionis adversus christianos excitatae in variis japoniæ regnis. Ann. 1628, 1629, 1630. *Antverpiae*, *J. Meursium*, 1635 ; in-8, demi-veau fauve mod., tr. vertes.

Édition originale. 141 pages ch. et 3 pages n. ch.

542. VIVIEN DE SAINT-MARTIN. Nouveau dictionnaire de géographie universelle. *Paris*, *Hachette*, 1879; 7 vol plus 2 vol. de *suppléments*; ens. 9 vol in-4, demi-chag. vert, pièces de titre rouges, tr. mouch.

543. VOLLANT DES VERQUAINS. Histoire de la Révolution de Siam, arrivée en l'année 1688. *Lille*, *J. Ch. Malte*, 1691 ; in-12 de VIII-176 pp., veau brun, dos à nerfs orné de fleur. dor., tr. mouch. (*Rel. anc.*)

Grande carte de la forteresse de Banko au royaume de Siam.
Légère réparation.

544. VOYAGES. Nouvelles annales des voyages de la géographie et de l'histoire. Tome III. *Paris*, *Librairie de Gide*, 1819 ; in-8. (*Cart. mod.*).

Ce tome contient la *Description du royaume de Cambodge.* Il contient une carte pliée et gravée du Cambodge de format in-folio.

545. VOYAGES. Belles gravures anciennes dont quelques-unes coloriées, extraites des Voyages de Barrow, S. Baron, Tavernier, cartes anciennes, etc.

546. VREMDE GESCHIEDENISSEN. In de Koninckrijckenvan Cambodia en Louwen-Laut, in oost-Indien, Ledert den Jare 1635, tot den Jare 1644 aldœr voor-gevallen. Mitsgaders de Reyse der Nederlanders van Cambodia de Louse Revier op, na Wincjan, het hof van de Louse Majesteyt. Ende ten laetstende wrede Massacré in Cambodia door de Indianen. Anno 1643, geschiet. *Tot Hærlem*, *Pieter Costeleyn*, 1669 ; pet. in-4, vél. bl. à recouvrements, pièce de titre en mar. grenat. (*Rel. mod.*)

En frontispice, titre gravé représentant plusieurs scènes indochinoises. Impression gothique.
Collation : 4 ff. liminaires et 39 pp.

547. VUES DU TONKIN. Le Tonkin. Vues photographiques prises par M. le Dr Hocquart. Ens. 4 cartons in-4.

Suite bien complète des quatre séries de cette collection de belles photographies, tirées en bistre, de paysages du Tonkin.

548. WHITE (John). A Voyage to Cochinchina. *London*, *Longman*, *Hurst Rus*, etc., 1824 ; in-8, demi-chag. vert, dos à nerfs orné avec pièce de titre rouge, tr. marb. (*Rel. mod.*)

549. WHITE (John). Reise nach Cochinchina. *Iéna*, 1825 ; in-8, demi-bas. brune coins, dos orné, tr. vertes. (*Rel. de l'époque.*)

Cent quatre-vingt seize pp. y compris le titre.
Légères rousseurs.

550 à 560. Gravures, lithographies, plans, documents divers.

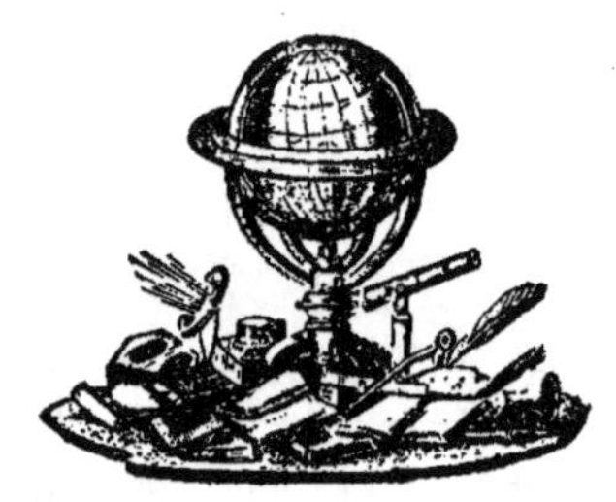

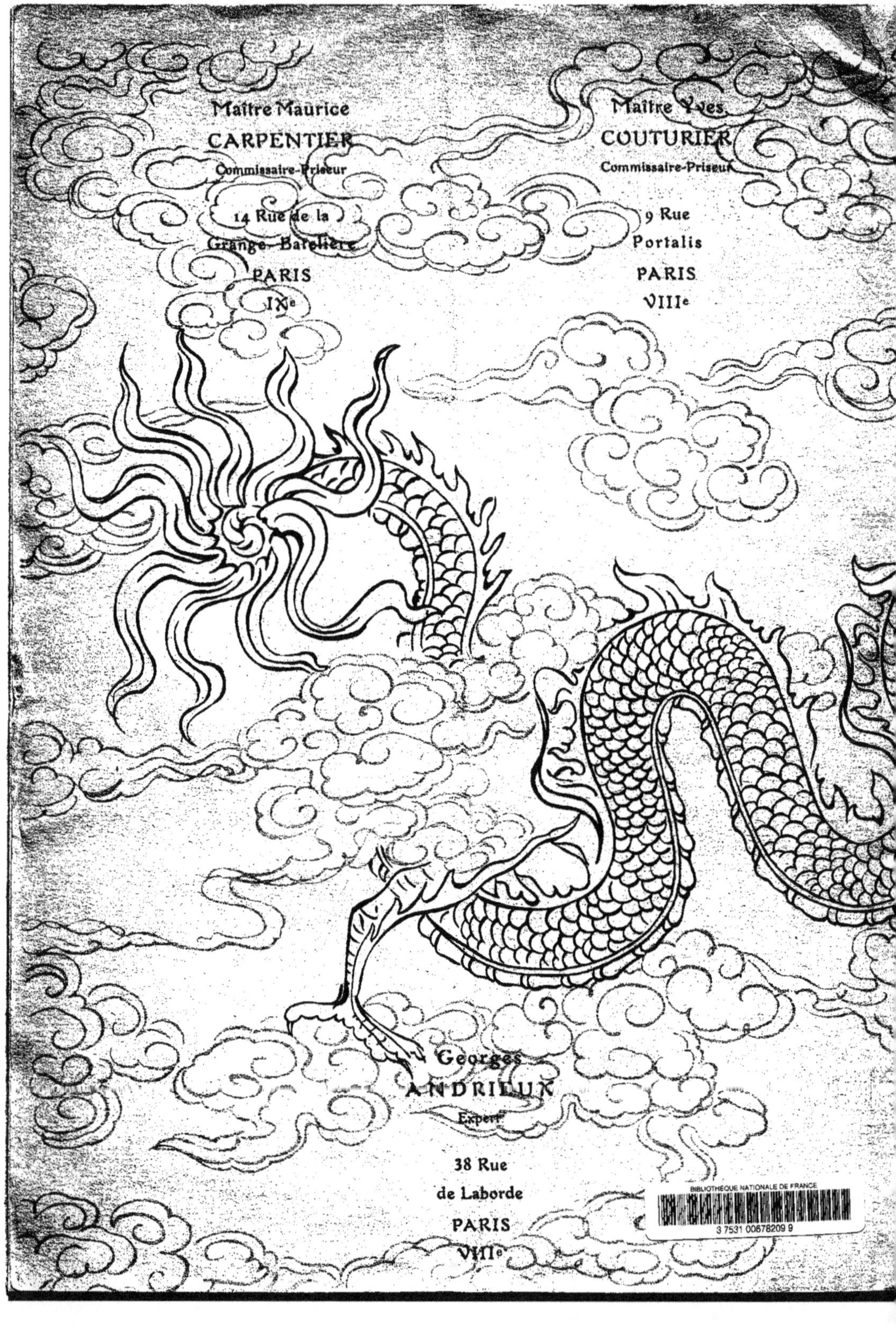
Maître Maurice
CARPENTIER
Commissaire-Priseur
14 Rue de la
Grange-Batelière
PARIS
IXe
Maître Yves
COUTURIER
Commissaire-Priseur
9 Rue
Portalis
PARIS
VIIIe
Georges
ANDRIEUX
Expert
38 Rue
de Laborde
PARIS
VIIIe

www.ingramcontent.com/pod-product-compliance
Lightning Source LLC
LaVergne TN
LVHW020036170826
845678LV00001B/274

* 9 7 8 2 3 2 9 6 9 4 7 7 1 *